Pour un autre fonctionnement de la classe

● La problématique du moment :

Le fonctionnement actuel d'une classe maternelle peut se présenter comme une gageure :
Comment :
- d'une part, faire travailler la classe par groupes de 5 ou 6 enfants ?
- ensuite, être présent partout ?
- enfin, conduire son affaire de sorte que les enfants ne soient pas simplement occupés mais aient, tous, à tout moment, une activité enrichissante ?

Les présents cahiers proposent une solution en définissant un autre fonctionnement de la classe.

● Le moment collectif :

Il est évident que les moments collectifs ne se trouvent pas modifiés par nos propositions. Ils demeurent ce qu'ils sont, dans le meilleur des cas :
- des temps d'échanges, de communication de tout le groupe et surtout des leaders ;
- des temps d'élaboration de projets que le maître aide à faire naître puis à structurer ;
- des temps de plaisir où l'on danse, où l'on chante, où l'on joue tous ensemble ;
- des moments de réflexion, d'analyse d'une situation, de regards sur des réalisations, des mises au point de stratégies... ;
- des temps de répartition des enfants en petits groupes pour une activité choisie ou imposée ;
- des minutes de débats autour des problèmes concernant la vie de la classe et de l'école ;
- des temps consacrés à l'évaluation des compétences.

● L'Unité Pédagogique :

À la suite d'un moment collectif qui a pour but d'informer les enfants sur ce qu'on va faire et sur ce qu'on attend d'eux, on va distinguer et organiser deux types d'activités. Pour chaque séquence :
- **une Unité Pédagogique** (UP) ;
- **des Activités Satellites** (AS).

L'Unité Pédagogique est une séquence, une situation dans laquelle 5 enfants, environ, *en présence* et *en collaboration avec le maître* se livrent à une activité.
Deux sortes d'UP :
- les cognitives qui se situeront surtout le matin ;
- les créatives l'après-midi.

Une UP est une activité pédagogique structurée où le maître fait agir, réfléchir, argumenter, imaginer, prévoir. On aborde souvent des notions précises, on acquiert aussi des connaissances et des savoir-faire.

Le maître, meneur de jeu et observateur, peut donc aider les enfants de ce petit groupe à aller le plus loin possible dans leurs découvertes. Il est attentif au cheminement de chacun, à la démarche individuelle, variable d'un enfant à l'autre. Il aide dans l'appropriation d'un savoir. Enfin, il évalue pour organiser les prolongements nécessaires.

Ce moment est le *temps fort* de la matinée. Il sera repris, plusieurs fois, au gré des maîtres pour une répartition sur la semaine, de telle sorte que chaque enfant ait pu en bénéficier.

Dans cette réorganisation de la classe, le samedi matin est réservé aux bilans. Les UP créatives de l'après-midi fonctionnent — en général — avec des groupes plus élargis mais de la même manière.

● Les Activités Satellites :

Ce sont les activités auxquelles se livrent les autres enfants de la classe, répartis en 3 ou 4 groupes autour d'un travail précis demandé par le maître. Ces petits groupes sont autonomes et fonctionnent presque seuls, ou seuls lorsque les habitudes sont prises. Les enfants sont occupés certes mais ne sont pas étrangers à ce qui se passe avec le maître. Lors de la reprise des UP, les maîtres doivent sans cesse en tenir compte...

Ne retrouve-t-on pas ici ce qui se passe dans certaines classes rurales à divers niveaux, où les petits apprennent ce qui ne leur est pas directement destiné ?

Les Activités Satellites sont, dans la plupart des cas, des moments au cours desquels on s'exerce, «on fait des gammes». Ce sont des ateliers dont certains ressemblent à ceux que l'on pratique ordinairement dans une classe et d'autres sont organisés soit pour précéder, préparer une UP en assurant dans le temps leur intégration à la personne de l'enfant, soit pour la prolonger.

Les enfants y reçoivent une consigne qu'ils sont capables de comprendre et de réaliser : en général, on n'y apprend rien de nouveau. On fait des choses qu'on sait faire. Ces tâches affermissent les connaissances et affinent les compétences.

Un lien avec l'UP existe dans certaines AS spécifiques. Dans d'autres cas, il n'y a pas de liens directs.

On peut dire, en conclusion, que si toutes les AS n'ont pas une filiation avec l'UP, toute UP trouve obligatoirement écho et prolongement dans quelques AS.

Au moment des bilans et des évaluations, les maîtres perçoivent au travers des réalisations obtenues la nécessité, soit d'organiser de nouvelles UP qui répondront aux manques observés, soit de nouvelles AS qui seront directement issues des constats réalisés.

● Du travail pour une année :

Ce sont les maîtres eux-mêmes qui nous ont suggéré, dans divers groupes de travail et de réflexion, de *regrouper des activités qui peuvent s'échelonner sur une année scolaire*. Ceci permet à tous les enfants de cheminer à leur rythme : il est en général nécessaire, lorsqu'on aborde une notion, de l'éclairer, de la laisser, de la reprendre sous d'autres formes et éventuellement selon la forme initiale. Il faut faire varier des paramètres dans divers types de situations. Le temps joue avec nous, si l'on sait reprendre au bon moment un travail antérieur.

En maternelle, où le maître n'a pas de programme à suivre, il est amené à organiser lui-même ses UP selon une continuité et une progression dictées par les comportements enfantins. Nous avons parlé de flexibilité dans notre pédagogie ; les enchaînements ne peuvent être formels mais ils doivent être rigoureux.

Il y aura des évaluations réalisées au niveau des enfants mais les maîtres eux-mêmes pourront s'auto-évaluer en adoptant notre démarche. Elle repose sur la lucidité.

Pour toutes ces raisons, les présents cahiers s'adresseront à des tranches d'âge précises et proposeront une très grande variété de situations qui, en se déroulant dans le temps, permettront aux enfants de pressentir d'abord et de comprendre ensuite, des notions fondamentales pour leur développement et leur future scolarité.

Y. Jenger-Dufayet

Les situations mathématisables en moyenne section

« Si l'on parle de " mathématiques " à l'École maternelle, c'est parce que les activités concernées sont structurées par une notion sous-jacente. Cette notion ne doit pas faire l'objet d'un apprentissage en tant que tel ; elle est là pour organiser la démarche de l'enfant, lui offrir l'occasion de structurer son raisonnement, de développer certaines de ses capacités » (G. Zimmermann).
Cette phrase énonce avec clarté les caractéristiques de l'activité dite « Mathématique » à l'École maternelle. L'enseignant doit — pour répondre aux nécessités de la psychologie de l'enfant de trois à six ans — partir des situations de la vie de classe, de la vie courante ou de celles qu'il provoque pour « mathématiser », c'est-à-dire introduire les méthodes mathématiques dans un domaine (Petit Larousse).
Il est utile de mettre en parallèle situation mathématique et situation mathématisable pour les comparer :

Situation mathématique	Situation mathématisable
Définition : situation dans laquelle l'individu utilise le raisonnement déductif pour étudier les propriétés des objets et les relations qui s'établissent entre eux.	**Définition** : situation à l'intérieur de laquelle on introduit les méthodes mathématiques.
Objectifs : apprentissage et élaboration de certains concepts et de leur articulation ou maîtrise des obstacles qui leur sont associés.	**Objectifs** : acquisition d'habitudes mentales et d'attitudes : - attention / observation ; - discrimination ; - mémorisation ; - raisonnement, jugement ; - hypothèse et justification ; - réinvestissement.
Vocabulaire : précis, spécifique, approprié.	**Vocabulaire** : quotidien, familier, approximatif en fonction de l'âge des enfants, de leur compréhension mais néanmoins adapté aux situations.
Démarche : - manipulation → observation → action ; - verbalisation ; - vers l'abstraction ; - code symbolique.	**Démarche** : - manipulation → observation → action ; - verbalisation ; - parfois vers l'abstraction ; - parfois code symbolique.

Dans une classe de moyenne section, les situations mathématisables sont très nombreuses et variées ; l'enseignant doit faire des choix en fonction de leur richesse et de ses objectifs.
Le choix de travailler à partir de photographies a été justifié par le fait que :

- c'est un matériel concret, manipulable ;
- c'est un matériel lié affectivement à la vie de la classe ;
- c'est un matériel varié.

L'école peut se procurer quelques pellicules et obtenir de collègues, proches ou parents d'élèves — heureux d'être associés à ce travail — des tirages à moindre frais.

Le coin-mathématiques

● Installation d'un coin-mathématiques basé sur des jeux de société :

1. Installation matérielle

La réussite d'un coin-mathématiques à partir des jeux de société dépend en grande partie de l'installation matérielle et de la rigueur dans l'apprentissage des règles.
- Les enfants doivent avoir accès aux jeux, les retrouver facilement dans des tiroirs, sur des étagères à leur portée ;
- ils doivent pouvoir jouer à plusieurs à des jeux différents ou au même jeu, sur des tables suffisamment grandes ;
- l'instituteur doit pouvoir **vérifier** rapidement et régulièrement le rangement des jeux et leur intégrité (*ex. :* une boîte pour les dés, les puzzles refaits avant rangement) ;
- un assez grand nombre de jeux **variés** sont introduits **progressivement** (acquisition des règles) ;
- le moment favorable est celui de l'accueil du matin, ou toute plage horaire « indépendante » et régulière (*ex. :* après la récréation du matin ou du soir) ;
- l'instituteur pourra faire acquérir les règles des jeux par petits groupes d'enfants et s'assurer de leur **compréhension** et de leur **intégration**.

Le coin-mathématiques peut aussi fonctionner à tout moment avec ou sans l'instituteur.

2. Quels jeux en moyenne section ? Pourquoi ?

Les jeux en moyenne section (progression)	Notions de mathématiques	Notions de langage mises en œuvre
- Lotos ; - dominos (des couleurs, des formes, des objets, etc.)	- Reconnaissance et mémorisation de critères ; - conceptualisation ; - notion d'ordre	La verbalisation des actions implique des formulations verbales où apparaissent les mots de la syntaxe : - de situation (*dessus, dessous*) ; - d'hypothèse (*ici, peut-être*) ; - de choix (*ou bien*) ; - de chronologie (*avant, pendant, après*) ; - de comparaison (*comme, autant que*) ; - de généralisation (*comme*) ; - de causalité (*parce que*) ; - de conséquence (*donc, alors*)
- Jeux de mémoire	- Comparer ; - mémoriser ; - repérage spatial ; - notion de paire	
- Cartes à jouer	- Notion de séries ; - numération	
- Puzzles (à un ou plusieurs niveaux)	- Reconnaissance des différentes parties d'un tout ; - repérage spatial ; - latéralisation ; - anticipation	
- Sériations	- Organisation de l'espace ; - latéralisation ; - notion d'ordre ; - nombre	
- Emboîtements	- Comparer ; - repérer ; - adapter ; - relations d'ordre	
- Mosaïques	- notion de surface ; - notion d'orientation	
- Dés ; - jeux de déplacements (type course de chevaux) ; - approche du jeu de l'oie	- Correspondance terme à terme ; - nombre ; - notion d'ordre	

3. Quels autres matériels ? Pourquoi ?

Autres jeux	Objectifs mathématiques
- Images séquentielles	Chronologie
- Gommettes et organisation d'une progression en fichier	Algorithmes
- Documentation-images	Tris - classements
- Documentation - photos	Tris - classements
- Catalogues divers ; - fichier recettes de cuisine	Classements - notions de quantité, de mesure - codage
- Calendriers divers (éphémérides - calendriers de l'année, du mois, des anniversaires)	Chronologie - notion de cycle - repères

● Évolution du coin-mathématiques :

Les jeux doivent se renouveler tout au long de l'année :
- parce que la vie de la classe et l'intérêt qu'on lui porte sont plus ou moins polarisés dans un sens ou dans un autre (*ex. :* Une classe-cuisine enrichira le fichier cuisine. Une classe-jardinage aura besoin de repères temporels (calendriers), de mesure) ;
- parce que les enfants grandissent, évoluent, se lassent. Des jeux abandonnés ou refusés doivent être systématiquement réanalysés par le maître en vue d'une relance ou de leur retrait ;
- ils doivent présenter des *difficultés croissantes,* s'adapter au niveau des différents enfants de la classe (*ex. :* Pierre fait encore difficilement des puzzles de douze morceaux, Julien connaît la règle du jeu des petits chevaux).

Séquence 1

LA RÈGLE DU DOMINO DES COULEURS

Une Unité Pédagogique	Des Activités Satellites	
Titre : La règle du domino des couleurs	AS 1	**Titre :** Dessin libre **Nombre d'enfants :** 6
Nombre d'enfants : 4 à 6 par roulement	AS 2	**Titre :** Jeux d'imitation **Nombre d'enfants :** 6
Durée : 10 minutes environ	AS 3	**Titre :** Puzzles - jeux libres **Nombre d'enfants :** 6
Reprises : chaque matin pendant une semaine	AS 4	**Titre :** Bibliothèque **Nombre d'enfants :** 4
Période de l'année : septembre	AS 5	**Titre :** Le rituel **Nombre d'enfants :** 4

Une UP cognitive avec le maître

- **Matériel :**

Un jeu de dominos des couleurs (dominos non numériques).

- **Objectifs :**

- s'assurer de la connaissance des couleurs, les nommer ;
- acquérir la règle du jeu (associer les couleurs, approche de la notion de voisinage, notion de double/ perpendiculaire aux autres ; endroit/envers) ;
- acquérir la notion de tour de rôle, de premier joueur ;
- acquérir la notion de nombre de dominos à prendre (approche de la notion de pioche).

- **Stratégie :**

- Préférer le moment d'accueil de 8 h 20 à 9 h 50.
- Les dominos sont tous dispersés, à l'endroit, sur une table. Les enfants observent, manipulent, commentent. Certains connaissent déjà le jeu parce qu'ils y ont joué en petite section ou en famille, mais quelle que soit la situation, il est nécessaire de passer un temps plus ou moins long à une (re)découverte du matériel.
- La règle est ensuite précisée avec l'instituteur.

- **Prolongements :**

- dominos des formes (géométriques, fleurs, animaux) ;
- dominos géants ;
- dominos en relief ;
- dominos à formes orientées.

● **Évaluation :**

Préparation de stencils qui pourront servir dans des activités satellites au moment de l'accueil, par exemple.

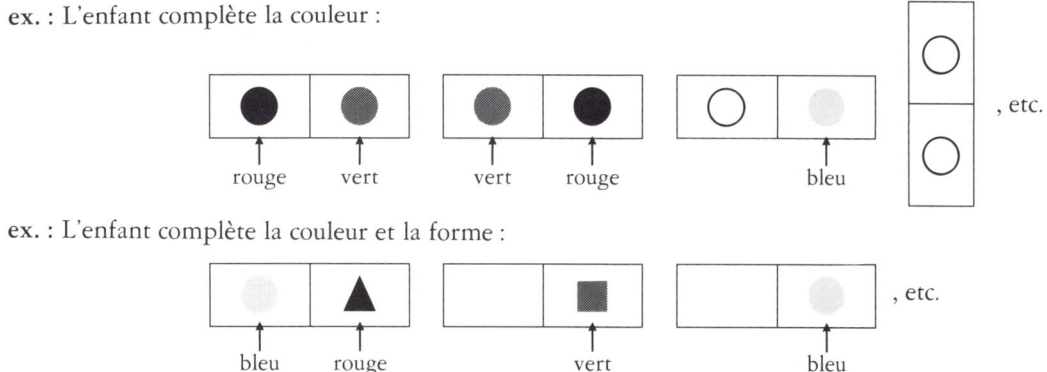

ex. : L'enfant complète la couleur :

ex. : L'enfant complète la couleur et la forme :

Des Activités Satellites

● **AS 1 : Dessin libre**

● **AS 2 : Jeux d'imitation**
poupées, épicerie.

● **AS 3 : Puzzles - jeux libres**

● **AS 4 : Bibliothèque**

● **AS 5 : Le rituel**
Soins aux plantes, aux animaux - Étiquettes de présence.

Observations pour le maître :

Séquence 2

SORTIE AU JARDIN D'ACCLIMATATION (1) PRÉPARATION D'UNE ACTIVITÉ D'OBSERVATION

Une Unité Pédagogique	Des Activités Satellites
Titre : Sortie au jardin d'acclimatation (1) Préparation d'une activité d'observation **Nombre d'enfants :** 30 **Nombre d'accompagnateurs :** 9 **Durée de l'UP :** demi-journée **Période de l'année :** octobre	Pas d'A.S. La sortie est collective.

Une UP cognitive avec le maître

● **Matériel :**

- 3 appareils photo et 3 pellicules (prévoir le développement du jour au lendemain),
- 1 étiquette par enfant portant son prénom, son nom et le cachet de l'école (au cas où un enfant s'égarerait),
- des questionnaires *(stencils)* pour centrer l'intérêt des enfants et guider les accompagnateurs.

● **Justification de la sortie :**

- Le maître profite de l'intérêt que les enfants portent naturellement aux animaux pour les emmener au jardin d'acclimatation (zoo ou ferme) ;
- le maître a précédemment reconnu les différents lieux d'attraction afin de préparer les questionnaires.

Remarque : En cas de première sortie scolaire des enfants, il faut se limiter à une partie des centres d'intérêt retenus.

● **Objectifs :**

- plaisir d'une sortie,
- acquisition d'un vécu collectif sur lequel pourra être établie la vie de la classe,
- découvrir, s'exprimer, communiquer,
- acquérir du vocabulaire : nom des animaux et de leurs caractéristiques,
- repérer le trajet sur un plan puis dans la réalité (éventuellement le numéro de l'autobus, le nom des stations).

● Stratégie :

- **Organisation matérielle**
● Trois groupes de dix enfants et trois accompagnateurs (dotés d'un appareil photo) vont se rendre par rotation sur chacun des lieux d'observation choisis :
- les animaux,
- la galerie des miroirs déformants,
- les aires de jeux.
● La rotation est à prévoir à l'avance avec les accompagnateurs pour éviter les encombrements.
● 1/2 heure maximum dans chaque endroit.

- **Préparation de la sortie en classe**
● repérage sur le plan de la ville de l'école et de l'endroit où se trouve le jardin d'acclimatation ;
● éventuellement, repérage sur le plan du numéro d'autobus, de la station de départ ainsi que celle d'arrivée ;
● répartir les enfants en trois groupes égaux et placer leurs noms sur un tableau à l'aide d'étiquettes.

- **Déroulement de la sortie**
1. Chaque groupe est chargé du « reportage-photo » de l'un des centres d'intérêt (mammifères, miroirs, oiseaux).

2. Chaque groupe est muni d'un questionnaire concernant la galerie des miroirs.

3. Chaque groupe est muni de plusieurs feuilles d'observation concernant les animaux mais ces feuilles sont différentes suivant les groupes.

4. Il vaut mieux faire les photos en arrivant car cela demande du temps et car les enfants sont attentifs. La rotation est déterminée par le reportage-photo.

- **Les questionnaires**

Groupe 1	Groupe 2	Groupe 3
moutons vaches chèvres cochons	paons canards poules coqs	ours singes
groupe chargé de photographier les oiseaux	groupe chargé de photographier la galerie des miroirs	groupe chargé de photographier les moutons, les vaches, les chèvres et les cochons

1 - Questionnaire à utiliser pendant l'observation des animaux

● Comment s'appelle l'animal ?
● Que mange-t-il ?
● Comment se déplace-t-il ?
● Décrire :
- couleurs,
- taille,
- poils-plumes.
● Remarquer :
- odeurs ?
- cris ?
- environnement (cage, volière, eau, arbres, etc.)

2 - Questionnaire à utiliser pour la visite de la « galerie des miroirs déformants »

● Cherche le (les) miroir(s) :
- qui grossit(issent),
- qui allonge(nt),
- qui fait (font) onduler.
● Que se passe-t-il quand :
- tu te rapproches du miroir ?
- tu t'éloignes du miroir ?
● Fais des grimaces.
● Peux-tu voir ton dos dans le miroir (cas où deux miroirs sont face à face) ?
● Vois-tu autre chose ?
● Miroir au plafond ou suspendu : qu'observes-tu ?

Une feuille d'observation pour chaque animal est donnée à chacun des groupes.
Consigne : entoure ce qui convient.

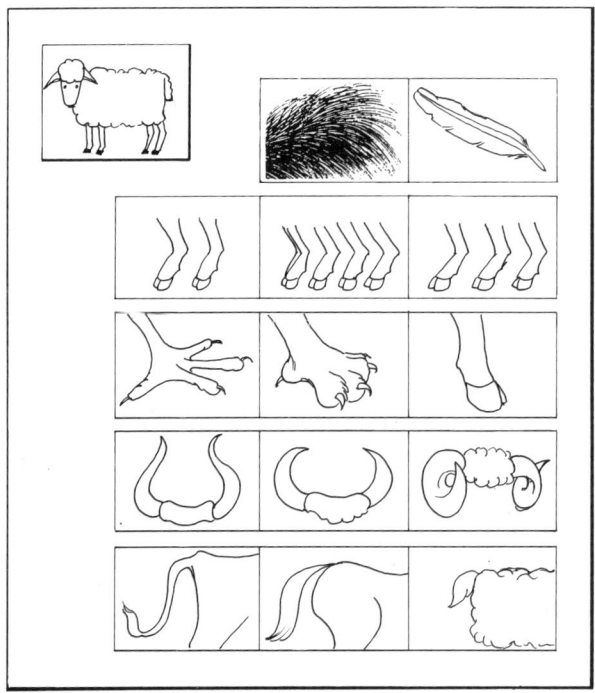

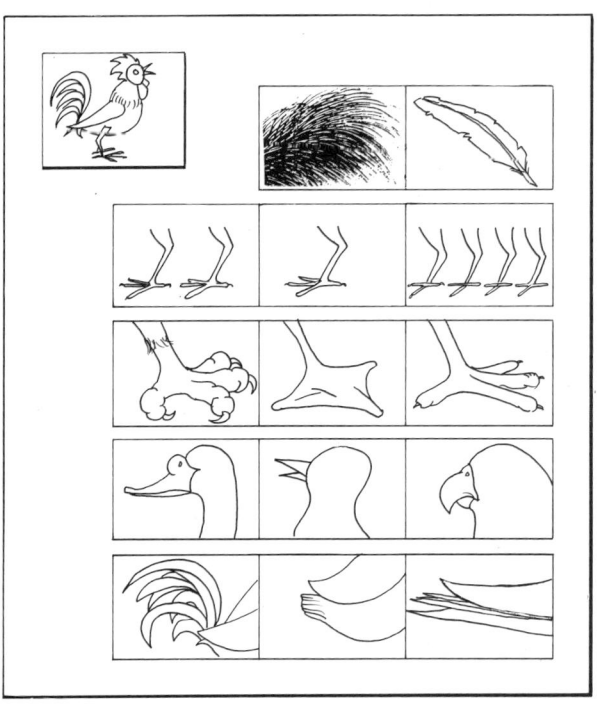

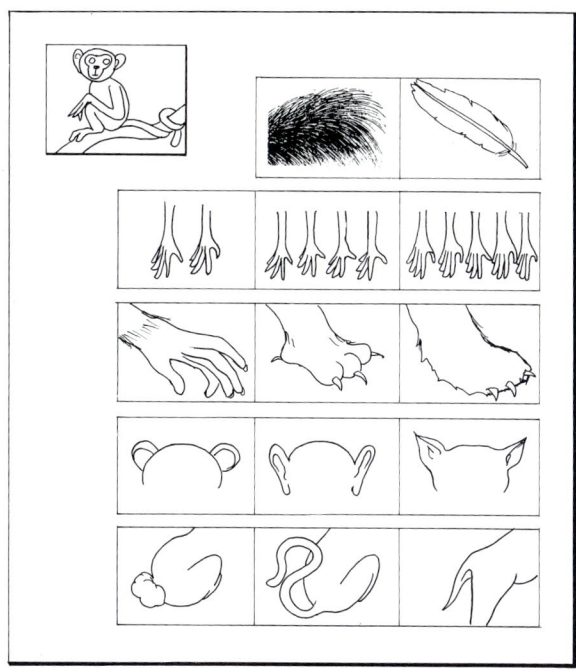

● **Prolongements :**

De retour en classe,
- mise en commun des documents ;
- observation, analyse critique des photos ;
- mémorisation :
● le groupe 1 a d'abord vu les animaux puis les aires de jeux, puis la galerie des miroirs ;
● le groupe 2 a d'abord vu les aires de jeux, puis la galerie des miroirs, puis les animaux ;
● le groupe 3 a d'abord vu la galerie des miroirs, puis les animaux, puis les aires de jeux.

Ces données peuvent être matérialisées par un tableau récapitulatif accompagné de dessins-symboles (ou des photos) ;

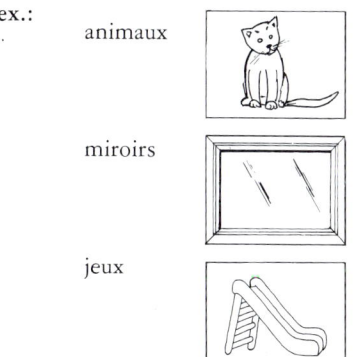

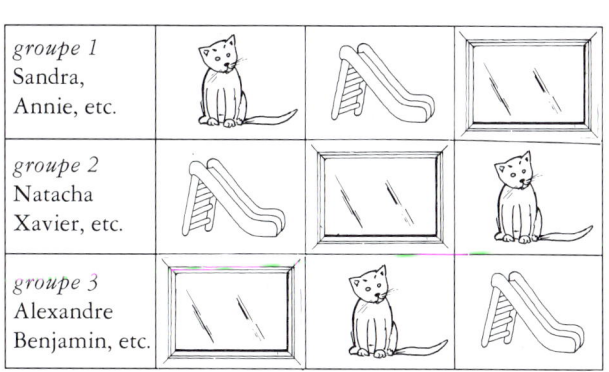

Observations pour le maître :

Séquence 3

SORTIE AU JARDIN D'ACCLIMATATION (2)
EXPLOITATION DES PRISES DE VUE

Une Unité Pédagogique	Des Activités Satellites	
Titre : Sortie au jardin d'acclimatation - Exploitation des prises de vue **Nombre d'enfants :** 6 par roulement **Durée de l'UP :** 30 minutes **Période de l'année :** fin octobre	AS 1	**Titre :** Recherche de documents-dessins **Nombre d'enfants :** 6
	AS 2	**Titre :** Fabrication d'animaux **Nombre d'enfants :** 6
	AS 3	**Titre :** Peinture libre **Nombre d'enfants :** 6
	AS 4	**Titre :** Découpage **Nombre d'enfants :** 6

Une UP cognitive avec le maître

● **Matériel :**

- les photos d'animaux prises au jardin d'acclimatation par les différents groupes d'enfants (voir séquence 2),
- des aimants pour présenter les photos collectivement au tableau,
- un ou plusieurs appareils photo sans pellicule,
- les questionnaires remplis par les différents groupes lors de la sortie.

● **Objectifs :**

- identification des différents animaux ;
- se poser le problème des différents angles de prise de vue et de cadrage ;
- **confronter ce que l'on *sait* et ce que l'on *voit* sur les photos ;**
- **prendre le questionnaire comme *moyen de contrôle*, comme *preuve* ;**
- confronter les photos prises au jardin d'acclimatation avec d'autres photos d'animaux se trouvant dans des livres, dans des revues, dans le fichier documentation ;
- trouver une solution au problème : comment employer les photos ?

● **Stratégie :**

1. Présentation collective des photos prises au jardin d'acclimatation.
Les enfants reconnaissent les animaux, rient, commentent, s'interrogent :
« T'as vu la vache, elle a pas d'queue »
« Le mouton, on voit pas toute la tête »
« Le paon, y'a la queue »
« Le cochon, on voit rien, juste son derrière ! »
« Tiens, la chèvre, y'a que deux pattes »
- À chaque intervention, l'instituteur demande :
« Comment sais-tu que c'est le cochon ? le mouton ?... puisque tu ne vois pas tout ? » (**prise d'indices**).

- Puis en référence à ce qui a été vu, observé :
« *Étaient-ils vraiment ainsi ? Est-ce ce que vous avez vu ?* »
Les avis sont partagés :
- « *Oui, c'était comme ça !* »
- « *Non, le mouton, il avait quatre pattes, même que je les ai comptées !* »
- « *C'est parce que t'étais derrière le cochon.* »
- « *Y'a des pattes cachées, qu'on voit pas.* »

2. **L'instituteur affiche les questionnaires**
Les enfants observent, comparent, comptent les pattes, se posent des questions, en déduisent que les photos sont mal prises et/ou que l'endroit de la prise de vue est intervenu (intuitivement car ils ne savent pas le verbaliser).

3. **Répartition en ateliers**
Six enfants restent avec le maître ; les autres se répartissent dans les A.S.

4. **Manipulation de l'appareil photo**
On essaie avec l'aide de l'instituteur de regarder dans le viseur des objets (bouteille - bouquets - enfants, etc.) sous différents angles (sans pellicule). On introduit le vocabulaire : *de dos, de face, de profil, du dessous, du dessus.*

● Prolongements :

Pour favoriser la prise de conscience des notions de face-profil-dos, l'instituteur pensera à photographier les enfants eux-mêmes.

Des Activités Satellites

● AS 1 : Recherche de documents - dessins
- Rechercher des documents sur les animaux dans des revues et des livres en bibliothèque.
- Dessiner des animaux.

● AS 2 : Fabrication d'animaux
Avec de la pâte à modeler.

● AS 3 : Peinture libre

● AS 4 : Découpage
Découper les photographies (ou photocopies) des animaux pour refaire :
- soit les animaux réels ;
- soit des animaux imaginaires (tête de vache, corps de mouton, queue de cochon, ...).

Le résultat n'est pas très satisfaisant à cause des problèmes de raccords et de proportions. Pour remédier à ces problèmes, le maître peut créer le jeu des animaux fantastiques à partir des résultats du groupe. Ce jeu sera présenté environ quinze jours plus tard, le temps de sa réalisation (voir réalisation, fiche annexe p. 44).

Séquence 4

LES PHOTOGRAPHIES DES ENFANTS

Une Unité Pédagogique		Des Activités Satellites
Titre : Les photographies des enfants **Nombre d'enfants :** environ 15 **Durée :** 25 minutes environ **Reprises :** plusieurs fois **Période de l'année :** novembre	AS 1	**Titre :** Activités à partir du fichier gommettes **Nombre d'enfants :** 6
	AS 2	**Titre :** Jeu de mémoire **Nombre d'enfants :** 4
	AS 3	**Titre :** Tris d'objets **Nombre d'enfants :** 5

Une UP cognitive avec le maître

● Matériel :

Chaque enfant de la classe est photographié dans quatre positions : de face — de dos — de profil droit — de profil gauche.
Les quatre photos sont prises le même jour, à la suite, pour éviter des absences, des vêtements différents (etc.) sur un fond clair uni.
L'appareil photo sur pied est disposé à un endroit fixe afin d'avoir le même réglage pour tous les enfants. Ceux-ci sont tous photographiés du même endroit pour les mêmes raisons. Ils se rendent par petits groupes à la bibliothèque avec un autre adulte.
Les photographies se présentent comme de petites cartes aisément manipulables d'un format 4,4 × 12,6 cm. Elles sont collées sur du carton fort pour éviter la détérioration due à la manipulation.

● Objectifs :

- se reconnaître, reconnaître les autres dans différentes positions, verbaliser ;
- objectifs spatiaux :
● latéralisation ;

● reconnaissance d'une représentation ;
- objectifs de position(s) dans l'espace :
● verbalisation (emploi d'un vocabulaire précis) ;
● notion d'ensemble.

● Stratégie :

- Tri
Le matériel est disposé sur une grande table et les enfants peuvent agir librement, aller et venir, discuter, trier. Spontanément, les enfants se reconnaissent les uns les autres, se nomment, s'interpellent. L'instituteur intervient et demande aux enfants de reconnaître **toutes** les photos puis à chaque enfant de reconnaître ses quatre photos.
- Verbalisation
La notion de face et de dos est acquise rapidement, celle de profil l'est moins. Les enfants emploient spontanément « *côté* » au lieu de « *profil* » et ont des

difficultés à reconnaître profil droit et profil gauche. Ils ont besoin d'un repère spatial (**ex.** : il regarde vers la porte, vers la fenêtre).
- **Exercice systématique sous forme de jeu**

« Montrez-moi une photo de face »
« Montrez-moi une photo de dos »
« Montrez-moi une photo de profil droit »
« Montrez-moi une photo de profil gauche »

● Prolongements :

Ces jeux de cartes ainsi constitués vont servir de matériel à la fabrication de différents jeux à règles : jeu de bataille (voir séquence 5), de mémoire (voir séquence 6), de loto (voir séquence 7), de mix-max (voir séquence 8), de 7 familles (voir séquence 9).
La répartition des enfants se fait alors par ateliers à l'aide de leurs étiquettes-prénoms disposées au tableau.

Le codage retenu est le suivant :
- des épées pour la bataille → 6 enfants ;

- 7 pour le jeu de 7 familles limité à 7 enfants ;

- pour le jeu de mémoire → 6 enfants ;

- pour le jeu de loto → 6 enfants ;

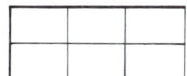

- pour le jeu de mix-max → 6 enfants.

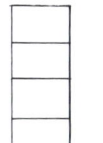

Des Activités Satellites

- **AS 1 : Activités à partir du fichier gommettes**
- **AS 2 : Jeu de mémoire**
- **AS 3 : Tris d'objets**

• •

Observations pour le maître :

Séquence 5

LE JEU DE BATAILLE

Une Unité Pédagogique	Des Activités Satellites	
Titre : Le jeu de bataille **Nombre d'enfants :** 6 **Durée :** 30 minutes **Reprises :** à disposition dans le coin-mathématiques **Période de l'année :** novembre	AS 1	**Titre :** Jeu de bataille traditionnel **Nombre d'enfants :** 4
	AS 2	**Titre :** Jeu de dominos **Nombre d'enfants :** 8
	AS 3	**Titre :** Jeu de loto **Nombre d'enfants :** 4
	AS 4	**Titre :** Puzzles **Nombre d'enfants :** 6

Une UP cognitive avec le maître

● **Matériel :**

Les photographies des enfants sont collées sur des cartes d'un format 4,4 × 12,6 cm, pour une manipulation plus aisée. Un espace blanc est laissé en bas du carton en cas de nécessité de codage.

● **Objectifs :**

- utilisation de la règle du jeu de bataille ;
- notion de tour de rôle ; notion de simultanéité ;
- notion de quantité (nombres naturels de 1 à 4 perçus spontanément) ;
- comparaison des valeurs ;
- correspondance terme à terme.

● **Stratégie :**

- Les cartes sont à la disposition des enfants tout au long de la journée dans le coin-mathématiques. Ils peuvent librement regarder, manipuler, commenter.
- Les enfants qui ont groupé leurs vingt-quatre photographies commencent spontanément à jouer... et à « se chamailler » pour gagner.
- Le maître interrompt le jeu, prend un jeu de cinquante-deux cartes et l'observe avec les enfants. Ensemble, ils reprécisent les règles du jeu de bataille : « celui qui a la carte la plus forte gagne » ; « si les deux cartes sont pareilles, il y a bataille ».
- Comment dire quelles cartes sont les plus fortes avec les photos ?
« Moi, je suis l' plus fort » ;
« Y-a qu'à donner des points » ;
« Y-a qu'à marquer comme les cartes ».

Le maître reprend l'idée « des points comme les cartes » et suggère de le faire avec des gommettes rondes adhésives, chaque enfant ayant sa couleur (rouge - jaune - vert - bleu - rose - orange). Il est entendu avec les enfants que :

● 1 gommette vaut 1 point ;
● 2 gommettes valent 2 points, etc. ;

et que :

● 1 photo de face vaut 1 point ;
● 1 photo de dos vaut 2 points ;
● 1 photo de profil droit vaut 3 points ;
● 1 photo de profil gauche vaut 4 points.

- Chaque enfant colle ses gommettes sur sa série de photos et toutes les séries sont contrôlées par le groupe qui a réuni toutes les photos :

- de face → 1 gommette ;
- de dos → 2 gommettes ;
- de profil droit → 3 gommettes ;
- de profil gauche → 4 gommettes.

- Le jeu peut commencer.
- Collectivement, la règle du jeu est expliquée aux autres groupes.

 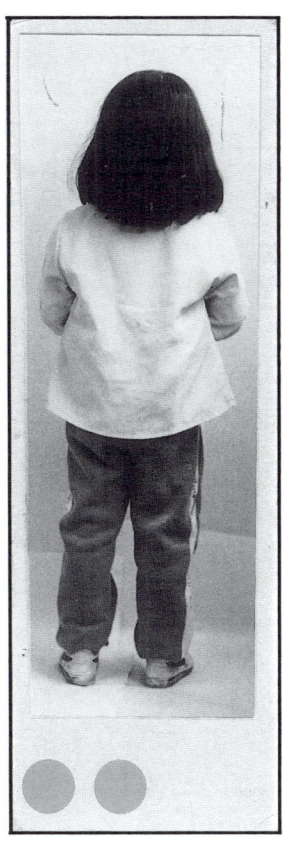 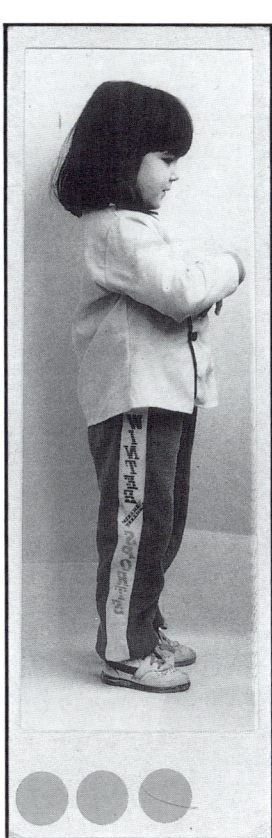 

Des Activités Satellites

- **AS 1 : Jeu de bataille traditionnel**

- **AS 2 : Jeu de dominos**

- **AS 3 : Jeu de loto**
Jeu du coquelicot (boîte *Chercher*, Jeux Nathan)

- **AS 4 : Puzzles**

Observations pour le maître :

Séquence 6

LE JEU DE MÉMOIRE

Une Unité Pédagogique	Des Activités Satellites	
Titre : Le jeu de mémoire **Nombre d'enfants :** 2 groupes de 7 **Durée :** 20 minutes environ **Reprises :** à l'accueil régulièrement **Période de l'année :** novembre	**AS 1**	**Titre :** Jeu des quatre positions **Nombre d'enfants :** 2 à 4
	AS 2	**Titre :** Jeu de dominos **Nombre d'enfants :** 2 à 4
	AS 3	**Titre :** Autres jeux de mémoire **Nombre d'enfants :** 3
	AS 4	**Titre :** Jeu de bataille **Nombre d'enfants :** 2
	AS 5	**Titre :** Jeux libres **Nombre d'enfants :** 6

Une UP cognitive avec le maître

● **Matériel :**

- Quatre cartes-photographies par enfant ⇨ vingt-huit cartes par groupe de jeu.

● **Objectifs :**

- jeu de paire ;
- repérage spatial ;
- mémorisation et stratégie ;
- correspondance terme à terme ;
- nombre.

● **Stratégie :**

La règle du jeu est la règle classique du jeu de mémoire.
- Les cartes sont disposées et retournées à l'envers, sur la table.
- Le premier joueur est désigné par une comptine. (Convention admise par la classe. N'importe quelle comptine convient. Elle peut varier.) Il retourne alors deux cartes.
Si ce sont deux positions identiques (*ex. :* dos/dos), il a gagné, ramasse les cartes et rejoue jusqu'à ce qu'il perde.
- Si ce ne sont pas les deux mêmes positions, il a perdu et c'est au tour de son voisin de *gauche* de jouer.
- Quand il n'y a plus de cartes à retourner, la partie est finie.
- Celui qui a le plus de cartes a gagné. (*Variante :* celui qui a le plus de paires a gagné.)

Des Activités Satellites

- **AS 1 : Jeu des quatre positions**
- **AS 2 : Jeu de dominos**
- **AS 3 : Autres jeux de mémoire**
- **AS 4 : Jeu de bataille**
- **AS 5 : Jeux libres**

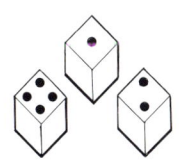

• •

Observations pour le maître :

• •

Séquence 7

LE JEU DE LOTO

Une Unité Pédagogique		Des Activités Satellites	
Titre : Le jeu de loto **Nombre d'enfants :** 4 à 6 **Durée de l'UP :** 20 minutes environ **Reprises :** à disposition dans le coin-mathématiques **Période de l'année :** fin novembre		AS 1	**Titre :** Loto des animaux **Nombre d'enfants :** 4
		AS 2	**Titre :** Loto tactile **Nombre d'enfants :** 4
		AS 3	**Titre :** Loto des couleurs **Nombre d'enfants :** 4
		AS 4	**Titre :** Puzzles **Nombre d'enfants :** 6
		AS 5	**Titre :** Jeux libres **Nombre d'enfants :** 6

Une UP cognitive avec le maître

● **Matériel :**

- 16 cartes-photos (quatre enfants photographiés dans quatre positions),
- 4 cartons rigides préparés par l'instituteur, avec le prénom des enfants écrit en bas, ex. :

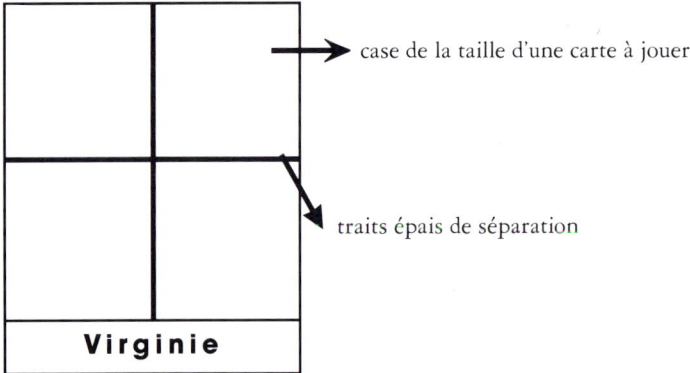

- des stencils préparés à partir d'un travail préalable sur la représentation de dos/de face (en dessin) qui a conduit à des symbolisations et à des réductions. Le maître apporte les schémas de profil gauche et de profil droit.
On obtient :

Les cartes sont découpées à l'avance.

● **Objectifs :**

- Réinvestir une règle de jeu connu,
- notion de tour de rôle,
- affirmation / négation,
- notion d'ensemble,
- verbalisation,
- correspondance terme à terme,
- observation, attention, discrimination,
- symbolisation.

● **Stratégie :**

Chaque enfant prend **son** carton (→ lecture du prénom) et les quatre positions schématisées (discrimination). Il colle chaque schéma sur chaque case et ensuite, le groupe contrôle les cartes collectivement.

La partie de loto traditionnelle peut commencer. Plus tard le jeu est présenté au groupe-classe et la règle du jeu explicitée une ou plusieurs fois.

● **Évaluation :**

Il a été indispensable de passer par des représentations sur stencils car les dessins-recherches étaient de formats très différents et la représentation des profils (en M.S., en novembre...) très approximative.

Des Activités Satellites

● **AS 1 : Loto des animaux**

● **AS 2 : Loto tactile**

● **AS 3 : Loto des couleurs**
Ce jeu est fabriqué par le maître.

● **AS 4 : Puzzles**

● **AS 5 : Jeux libres**

Observations pour le maître :

Séquence 8

LE JEU DES MÉLANGES

Une Unité Pédagogique	Des Activités Satellites	
Titre : Le jeu des mélanges **Nombre d'enfants :** 7 **Durée de l'UP :** 45 minutes **Reprises :** par rotation d'activités **Période de l'année :** décembre	**AS 1** **AS 2** **AS 3** **AS 4** **AS 5**	**Titre :** Deviner la face cachée du dé **Nombre d'enfants :** 2 groupes de 3 **Titre :** Lotos **Nombre d'enfants :** 2 groupes de 4 **Titre :** Jeux de bataille **Nombre d'enfants :** 2 groupes de 2 **Titre :** L'Arbre de Mako **Nombre d'enfants :** 4 **Titre :** Jeux de mémoire **Nombre d'enfants :** 2 à 4

Une UP cognitive avec le maître

● Matériel :

- 7 photographies d'enfants dans quatre positions,
- un dé à couleurs préparé par le maître (dé en carton ou dé du commerce sur lequel sont collées des gommettes : rouge - bleu - vert - jaune - blanc - noir),
- des gommettes de même couleur que sur le dé.

● Objectifs :

- découvrir une règle de jeu connue seulement de certains enfants,
- notion de tour de rôle,
- introduction du dé,
- affirmation / négation,

- notion d'ensemble,
- verbalisation,
- symbolisation,
- notion d'espace : face, dos, profil et latéralisation.

● Stratégie :

- Chaque enfant prend ses quatre photos. L'instituteur présente le dé, il est regardé, manipulé et les enfants commentent.
- L'instituteur *explique* la règle du jeu : pour jouer, il faut mettre une couleur avec une position. *Que voulez-vous ?* On s'entend sur :
● bleu = face

● rouge = dos
● vert = profil gauche
● jaune = profil droit
« Il reste des couleurs ! »
● L'une servira à « tout prendre » (1 carte de chaque position) → le blanc ;
● le noir, on ne prend rien.

- On vérifie la compréhension de la règle.
- Les enfants collent les gommettes au verso de leurs cartes en respectant la règle admise par le groupe. (Certains collent même plusieurs gommettes par souci d'efficacité !)
- Il y a ensuite contrôle par le groupe et le jeu peut commencer.

- **Le jeu**

Objectif : Rassembler le plus d'ensembles composés des 4 cartes ;
ex. : Sandra de face, de dos, de profil gauche, de profil droit ; Emmanuel de face, etc.

1. *Première partie*
● Toutes les cartes mélangées sont disposées à l'envers par catégorie (un tas de dos, un tas de face, etc.).
● Le premier joueur est désigné par une comptine (voir jeu de mémoire, séquence 4).
● L'enfant lance le dé et prend une carte de la couleur donnée par le dé :

- rien si c'est noir... et c'est *très* difficile à admettre,
- une carte de chaque couleur si c'est blanc,
- une carte de face si c'est rouge, etc.

On continue jusqu'à ce qu'il ne reste plus de cartes à distribuer sur la table.
Chaque enfant a alors un lot de cartes mélangées.

Ex. : Sandra et Nicolas de dos ;
Alix de face ; Amélie de profil gauche...

2. *Deuxième partie*
Toujours en lançant le dé, le joueur doit réussir à rassembler les 4 photos du même enfant en demandant les cartes qui l'intéressent aux autres joueurs. Le joueur ne peut prendre une carte que s'il en a déjà au moins une (voir jeu des familles, séquence 10).

Ex. : dé rouge → le joueur demande Alix de dos car il avait déjà Alix de face.
- Les couleurs du dé gardent la même valeur :
● noir, il ne prend rien ;
● blanc, il peut demander une carte de chaque couleur par position, mais il le fait là où elles se trouvent. (Apprentissage d'une stratégie).

Ex. : Sandra prend une carte rouge à Alix
une jaune et une bleue à Berthille
une verte à Nicolas
et complète ainsi 2 séries de personnages.
- Le jeu est terminé lorsque les séries de 4 positions ont été regroupées. On fait le bilan :

Ex. : Sandra en a 2
    Alix   1
    Berthille 0
    Nicolas   3 , etc.
Celui qui en a le plus a gagné.

● Évaluation :

- Certains enfants ont des difficultés à développer une stratégie et à la mener à bien (deuxième partie du jeu). Pour ceux-là, les parties s'arrêtent souvent à la distribution complète des cartes. Des problèmes de déduction et de mémorisation se posent également comme avec le jeu des familles.
Ils ne savent pas analyser **seuls** leur jeu et en tirer les conclusions (« *j'ai x_1, il me manque donc x_2...* »).
- Problèmes de concentration.
● Reprises :
- maintenir le jeu sous cette forme puisqu'il convient à certains enfants ;
- en faire un jeu de mémoire *(Kim-memory)* ;
- en faire un jeu de déduction (élément qui manque).

● Prolongements :

Certains enfants sont insatisfaits car ils ont, chez eux, des jeux de type *Mix-Max*, aux éléments coupés.
L'instituteur prévoit d'introduire plus tard ce type de jeu et de créer un *Mix-Max* photos. Ce sera exécuté à la fin du troisième trimestre, avec des photos *de face*, photocopiées (pour des raisons psychologiques, la photo ne sera pas morcelée et coupée en trois morceaux (tête - corps - jambes). Les valeurs attribuées par le dé seront les suivantes :
- 1 → tête ;
- 2 → corps ;
- 3 → jambes ;

- 4 → on remet 1 carte ;
- 5 → rien ;
- 6 → une carte de chaque (joker).

Les enfants s'amuseront beaucoup d'avoir la tête de Jérémy, le corps d'Emmanuel, les jambes d'Émilie.

Ex. :

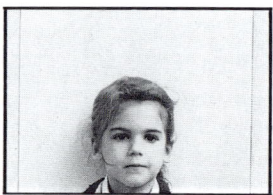

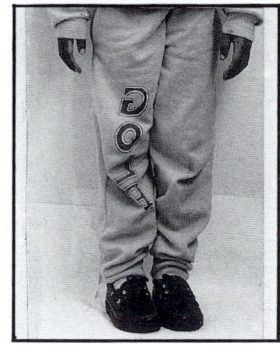
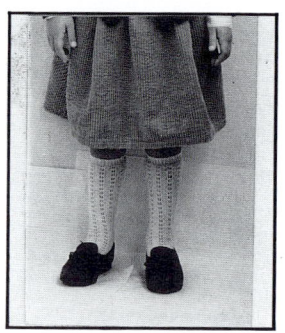

Des Activités Satellites

A partir des jeux de dés.

● AS 1 : Deviner la face cachée du dé
Voir le livre : *A la maternelle, des jeux avec des règles*, Denise Chauvel et Viviane Michel, éd. Retz.

● AS 2 : Lotos

● AS 3 : Jeux de bataille

● AS 4 : L'Arbre de Mako

● AS 5 : Jeux de mémoire

Séquence 9

LE JEU DES 7 FAMILLES

Une Unité Pédagogique	Des Activités Satellites	
Titre : Le jeu des 7 familles **Nombre d'enfants :** 7 **Durée :** 30 minutes **Reprises :** plusieurs fois **Période de l'année :** décembre	AS 1	**Titre :** Jeu de bataille avec les photos **Nombre d'enfants :** 6
	AS 2	**Titre :** Jeu de bataille traditionnel **Nombre d'enfants :** 4
	AS 3	**Titre :** Jeu de mémoire **Nombre d'enfants :** 6
	AS 4	**Titre :** Puzzle - jeux d'emboîtements **Nombre d'enfants :** 6

Une UP cognitive avec le maître

● Matériel :

- 28 cartes, soit 7 enfants photographiés dans 4 positions,
- les enfants ayant choisi cet atelier sont connus à l'avance (voir séquence 4, Prolongements).
Les étiquettes des prénoms manipulées dès la petite section sont repérées par presque tous. L'instituteur a donc écrit le prénom de chaque enfant au bas de chacune de ses photos.

● Objectifs :

- Réinvestir une règle du jeu ;
- notion d'ensemble : la « famille » est composée de 4 éléments ;
- notion de tour de rôle ;
- comparaisons d'ensembles ;
- affirmation-négation (« *j'ai - je n'ai pas* ») ;
- utiliser *plus que - moins que - autant que*.
- verbalisation ;
- question-réponse ;
- déduction ;
- reconnaissance des prénoms écrits et mémorisation.

● Stratégie :

- Les sept enfants sont répartis en deux groupes (quatre et trois).
- *La règle du jeu* définie avec les enfants est la suivante :
● le maître tire une carte au hasard pour savoir qui sera le donneur ;
● le donneur distribue toutes les cartes une par une ;
● chaque joueur, sans montrer ses cartes aux autres, regarde son jeu. Il va essayer de rassembler les quatre photos d'un même enfant ;
● le donneur parle le premier. Il demande au joueur de son choix la carte qui lui permettra d'avoir une famille ;
● on n'a pas le droit de demander une carte si on n'a pas au moins une photo de cette famille ;
● si l'interpellé possède la carte, il doit la donner au demandeur qui continue à questionner jusqu'à ce qu'il obtienne un refus ; c'est alors au joueur suivant de demander ;
● quand un joueur possède une famille, il étale les cartes face visibles, devant lui ;
● celui qui n'a plus de cartes a fini de jouer ;

- à la fin du jeu, les joueurs comparent leur nombre de famille(s). Celui qui en a le plus a gagné.
- Pour que tous les enfants découvrent et connaissent le matériel et la règle du jeu beaucoup plus compliquée que celles abordées jusqu'alors, on laissera les jeux à leur disposition dans le coin-mathématiques.

● Évaluation :

Celle-ci est négative lorsque les enfants ne sont pas avec l'adulte.
- *Problème moteur :* les enfants tiennent difficilement quatre cartes dans la main.
- *Problème de verbalisation :* ils ne savent pas poser les questions.
- *Problème de déduction et de mémorisation :* ils ne savent pas analyser *seuls* les positions manquantes.
- *Problème de concentration :* ils ne sont pas capables de stratégie, s'occupent plus des voisins que d'eux-mêmes.

● Prolongements :

- Fabrication de supports verticaux individuels en carton rigide (à poser devant soi) pour libérer les mains.
- Les photos sont recollées sur des cartons plus hauts.
- Le maître détermine avec les enfants un codage des différentes positions. Celui-ci facilitera la mémorisation et la déduction.

Avant codage

Après codage

- Différents jeux sont repris ou mis en place collectivement ou par groupes :

- jeu du portrait
  - avec 1 photo,
  - en pensant à un enfant de la classe,
  - en pensant à un animal,
  - avec des blocs logiques ;

⇨ emploi de *si c'est..., ce n'est pas... c'est..., alors...* (le *donc* est très difficilement utilisable) ;
- jeux de questions-réponses ;
- jeux de devinettes ;

- jeu de *Kim* ;
- comptines ;
- jeux de déduction orale ;
- déduction graphique, rythme à reproduire ; **ex.** :

| O X • S | O X • S | O X • S | X • |

(ici réduit 3 fois) , etc.

- Reprises

Le jeu est repris quelque temps plus tard sans les difficultés signalées précédemment.

Des Activités Satellites

- **AS 1 : Jeu de bataille avec les photos**
- **AS 2 : Jeu de bataille traditionnel**
- **AS 3 : Jeu de mémoire**
- **AS 4 : Puzzles - jeux d'emboîtements**

Observations pour le maître :

Séquence 10

LE FICHIER GOMMETTES

Une Unité Pédagogique		Des Activités Satellites
Titre : Le fichier gommettes **Nombre d'enfants :** 6 **Durée :** 15 à 30 minutes **Reprises :** à l'accueil régulièrement **Période de l'année :** progression sur l'année	**AS 1**	**Titre :** Dominos **Nombre d'enfants :** 6
	AS 2	**Titre :** Jeu de mémoire - photos **Nombre d'enfants :** 2
	AS 3	**Titre :** Jeu de mémoire **Nombre d'enfants :** 2
	AS 4	**Titre :** Jeu de bataille **Nombre d'enfants :** 2
	AS 5	**Titre :** Jeu des 4 positions **Nombre d'enfants :** 4
	AS 6	**Titre :** Jeu de loto **Nombre d'enfants :** 4
	AS 7	**Titre :** Jeu des mélanges **Nombre d'enfants :** 4

Une UP cognitive avec le maître

● Matériel :

- des gommettes adhésives,
- une grande diversité de gommettes (couleurs, formes, tailles différentes).

Ces exercices peuvent être présentés individuellement à l'accueil ou sous forme de fichier directement et facilement accessible à l'enfant.
Dans ce cas :
- chaque exercice est présenté sur une fiche individuelle suivant une progression,
- les fiches sont classées par grandes rubriques et non pas proposées toutes ensemble,
- un stock de supports imprimés est prévu parallèlement à chaque fiche (courbes, lignes droites, lignes fermées).

● Objectifs :

- perception des couleurs et des formes ;
- perception oculo-manuelle ;
- notions d'alternance, de rythmes ;
- approche des notions topologiques ;
- utilisation du plan quadrillé.

● Précautions pédagogiques :

Toutes les étapes n'apparaissent pas dans la progression ci-jointe. Il sera nécessaire d'en trouver d'autres pour les enfants en difficulté et d'en éliminer pour les enfants ayant plus de facilité.
La plupart des exercices peuvent être présentés *horizontalement* et/ou *verticalement*.

● Exercices de perception oculo-manuelle :

1. **Coller des gommettes rondes à cheval sur le trait**

   - *Gommettes de n'importe quelle couleur* < qui ne se touchent pas,
     qui se touchent,

   - *sur un trait ;*

   - *sur une courbe ;*

   - *sur une courbe fermée ou un cercle.*

2. **Coller des gommettes rondes, de la même couleur**
   - sur un trait horizontal ou vertical ;
   - sur une courbe ;
   - sur une courbe fermée.

3. **Coller des gommettes de même couleur et de même forme que le modèle**

   - sur un trait ;

   - sous le trait ;

   - les jaunes sur le trait, les bleues sous le trait en vis-à-vis ;

   - les jaunes sur le trait, les bleues sous le trait, décalées.

4. **Alternance de formes et de couleurs, à cheval sur un trait**

- rythme à 2 formes, 1 couleur ;

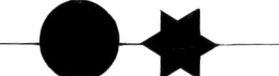

- rythme à 2 formes, 2 couleurs ;

- rythme à 3 formes, 1 couleur ;

- rythme à 3 couleurs, 1 forme ;
- rythme à 1 forme, 1 couleur, 2 tailles ;

- rythme à 3 formes, 3 couleurs.

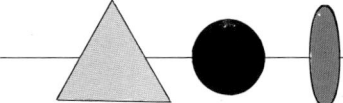

5. **Dedans - Au milieu**
- Dedans : « mets des petits ronds dans les grands, comme tu veux » ;

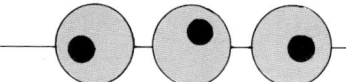

- au milieu : « mets des petits carrés au milieu des grands ».

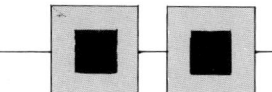

6. **Dedans - en haut - en bas**
- en haut ;

- en bas ;
- alternance « en haut, en bas ».

7. **Extérieur, en haut, en bas**
- extérieur en haut ;
- extérieur en bas ;
- extérieur en haut, en bas.

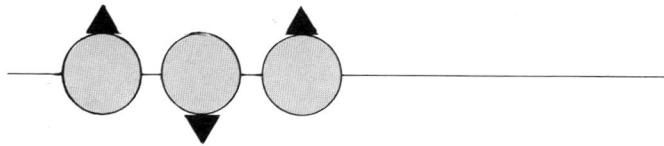

8. **Reproduction de quadrillages**

- 1 forme - 1 taille - 1 couleur ;

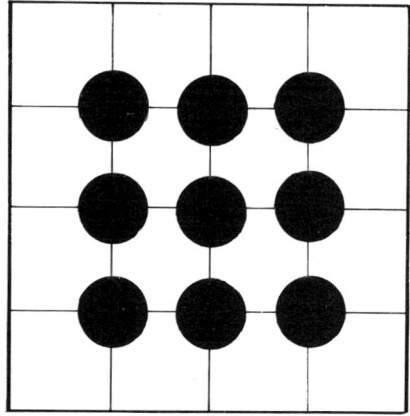

- 1 forme - 2 couleurs - 2 tailles ;

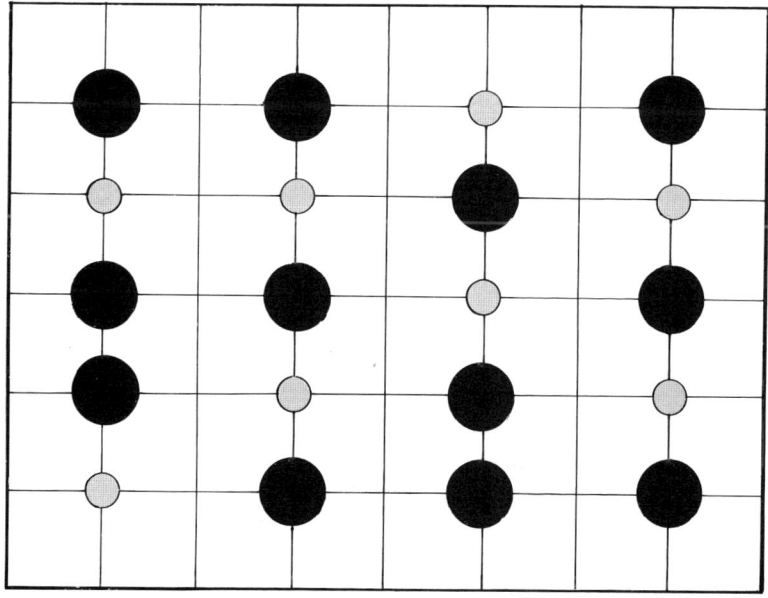

- 1 forme - 2 couleurs - 2 tailles.

- 1 forme - 2 couleurs - 2 tailles ; alternance grand/petit.

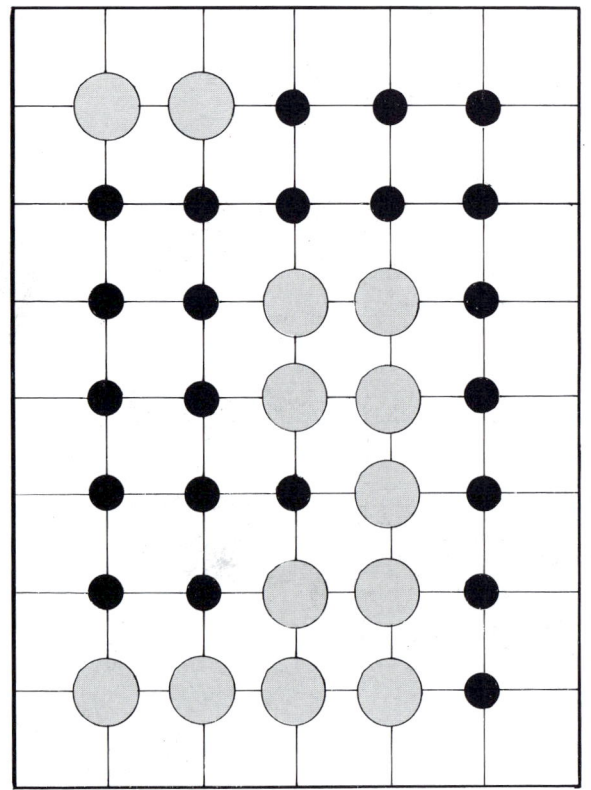
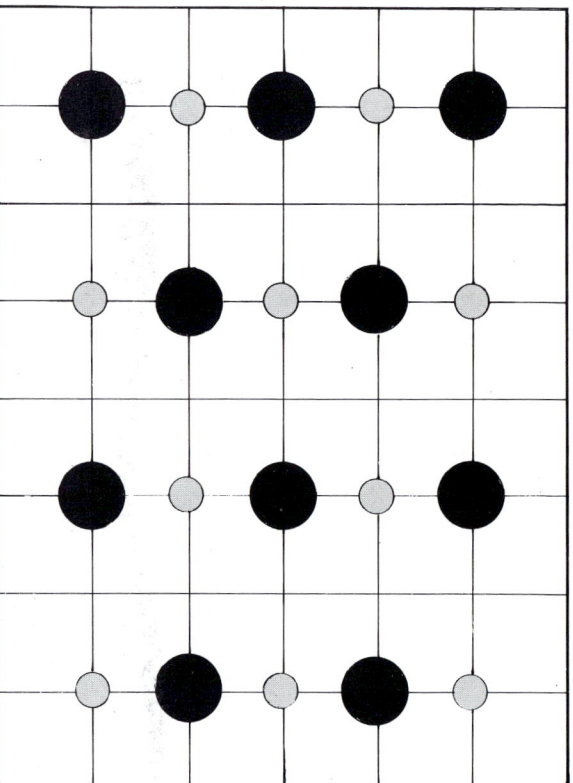

Des Activités Satellites

● **AS 1 : Dominos**
Dominos de couleurs, de formes, de formes orientées.

● **AS 2 : Jeu de mémoire - photos**

● **AS 3 : Jeu de mémoire**

● **AS 4 : Jeu de bataille**

● **AS 5 : Jeu des 4 positions**

● **AS 6 : Jeu de loto**

● **AS 7 : Jeu des mélanges**

Séquence 11

LES PHOTOGRAPHIES DU CARNAVAL

Une Unité Pédagogique	Des Activités Satellites
Titre : Les photographies du carnaval **Nombre d'enfants :** 30 **Durée de l'UP :** environ 30 minutes **Reprises :** plusieurs fois **Période de l'année :** février	Pas d'A.S. Travail collectif.

Une UP cognitive avec le maître

● **Matériel :**

- des moustaches
- des chapeaux
- des lunettes
- des faux-nez
- des gros nœuds { verts / rouges à pois jaunes / violets à rayures orange
- des grosses cravates { vertes / rouges à pois jaunes / violettes à rayures orange
- des colliers de perles en bois
- des boucles d'oreilles

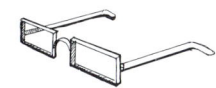

Ce matériel se trouve dans le coffre du coin-déguisement ou a été fabriqué avec les enfants après choix, entente sur les différents critères.
(Dans le cas d'une exploitation mathématique d'un matériel, il faut souvent être plus rigoureux et laisser moins de liberté aux enfants.)

● **Objectifs :**

- *affectifs :* aider l'enfant à s'exprimer, à communiquer avec les autres, à poser des questions, à répondre clairement ;

- *langagiers :*
● acquisition de vocabulaire,
● emploi de la forme interrogative,
● emploi de la forme négative ;

- *perceptifs :*
● affiner l'observation,
● relever tous les détails d'une image, les analyser, en faire la synthèse ;

- *mathématiques :*
● analyse,
● déduction,
● synthèse,
● notion d'ensembles et de sous-ensembles,
● affirmation/négation de propriété (*avec - sans - a - n'a pas - oui - non*),
● utilisation des symboles,
● approche du produit cartésien.

● **Stratégie :**

1 - Consignes données aux enfants
« *Vous devez choisir trois choses et pas plus pour vous déguiser* » (en plus des costumes, pantalon/chemise, jupe/chemise) ;
ex. : un enfant peut avoir des moustaches
                           un nœud vert
                           des lunettes rondes
par conséquent, il ne peut pas avoir de chapeau, de collier, de cravate, etc.

2 - Les enfants sont photographiés en buste (pour une meilleure perception des accessoires), et en couleurs. Le tirage en assez grand format est préférable.

3 - Jeux collectifs (ou en deux groupes)
- Chaque enfant doit *retrouver* sa photo, la décrire aux autres à partir des accessoires : « *J'ai* » ou « *Je porte* »...
- *Manipulations des photos et tris* suivant certains critères, d'abord un seul, puis deux, etc.
ex. :
mettre ensemble toutes les photos où les enfants portent des moustaches,
mettre ensemble toutes les photos où les enfants portent une cravate,
puis une cravate verte.
- *Jeu du portrait*
● L'instituteur pense à un enfant déguisé, et le groupe, en posant des questions, doit trouver de qui il s'agit (un ou parfois deux enfants). L'instituteur ne répond que par *oui* ou *non*.
Au fur et à mesure que les photos sont éliminées parce qu'elles ne correspondent pas au critère énoncé, elles sont retournées.
● Dans un deuxième temps c'est un enfant (aidé par l'instituteur) qui devient meneur de jeu.

- *Essai de symbolisation*
● Après ces différents jeux, manipulations, on peut s'entendre avec les enfants sur des critères de classement et les utiliser pour classer de toutes les manières possibles :

ex. :

photo d'Alexandre de Nathalie de Claire	photo de Damien de Sophie	photo d'Amélie de François

Le problème se pose rapidement : avoir trois accessoires et une *seule* photo qu'on ne sait dans quelle colonne mettre...
● L'instituteur propose un tableau :
avec les photos, puis avec les *étiquettes des prénoms* :

↓ photos ↓ des enfants	 🎩	 🎩	 🍓	 🌙	 👓	 👓	 🎀	 🎀	 🎀	 📿	 📿
photo d'Agnès		+			+				+		
photo de Damien											
photo de Sophie											

Comment peut-on montrer ce que porte Agnès ? Les enfants proposent *oui* et *non* mais ne savent pas l'écrire. Puis un enfant propose de mettre une croix quand on porte l'accessoire.
On essaie et on s'aperçoit que c'est facile à lire.
- *Difficultés* :
- plus la case est éloignée, horizontalement ou verticalement, plus la difficulté est grande.

● **Prolongements :**

- Dessiner les symboles sur des étiquettes pour pouvoir construire un tableau qui se fait et se défait.
- Exercice inverse : « *Je mets des croix et vous trouvez la photo à laquelle je pense.* »
- Trouver deux symboles pour « *a* » et « *n'a pas* » (difficile en moyenne section).

● ●

Observations pour le maître :

● ●

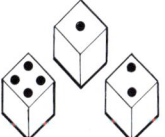

Séquence 12

LA RÈGLE DU JEU DES PETITS CHEVAUX

Une Unité Pédagogique		Des Activités Satellites
Titre : La règle du jeu des petits chevaux **Nombre d'enfants :** 4 **Durée de l'UP :** 30 à 45 minutes **Reprises :** plusieurs fois **Période de l'année :** juin	**AS 1**	**Titre :** Jeux de société libres **Nombre d'enfants :** 26

Une UP cognitive avec le maître

● **Matériel :**

- 1 jeu de petits chevaux,
- 1 piste,
- 4 chevaux : 1 rouge, 1 bleu, 1 vert, 1 jaune,
- 1 dé (assez gros si possible pour une meilleure perception),
- des fiches en bristol (format 13,5 × 15 cm) de 5 couleurs différentes correspondant à 5 parties différentes du jeu.

● **Objectifs :**

1. Apprendre la règle habituelle du jeu des petits chevaux.
2. Établir un *jeu codé* permettant aux enfants **non-lecteurs** d'apprendre à jouer aux petits chevaux et de respecter la règle, *l'ensemble des fiches servant de référentiel.*
3. Pour jouer, certaines conditions sont nécessaires :
- connaître la notion de tour de rôle à 4 joueurs ;
- connaître les 4 couleurs (rouge, bleu, vert, jaune) ; y associer un point de départ de même couleur, une écurie ;
- savoir se servir d'un dé ;
- savoir lire un dé ;
- savoir *se déplacer* sur une piste ;
- savoir faire *correspondre* un *nombre de points vus sur le dé*, à un nombre de cases sur la piste et à un chiffre dit ;
- savoir quand il est posssible de *renverser* ;
- savoir *ne pas bouger* à cause d'un obstacle.

4. Hiérarchisation des difficultés
- *Pour un enfant seul*
● notion de couleur (s'assurer que la notion est acquise) ;
● se poser sur la case départ ;
● le « 6 » du dé pour « sortir » ;
● s'arrêter à l'écurie ;
● faire les chiffres exacts pour monter à l'écurie.
- *Pour 4 partenaires*
● choix des chevaux ;
● se poser sur la case départ ;
● 6 pour sortir ;
● notion de tour de rôle ;
● se déplacer ;
● attendre ;
● renverser ;
● s'arrêter à l'écurie ;
● rentrer à l'écurie.

● Stratégie :

Le codage est fait par l'instituteur et présenté tel quel aux enfants.
1. *Sur des fiches blanches :*
- présentation des 4 joueurs ;
- présentation du matériel ;
- présentation du parcours (point de départ - sens du déplacement) ;
- voir figures 1, 2 et 3.

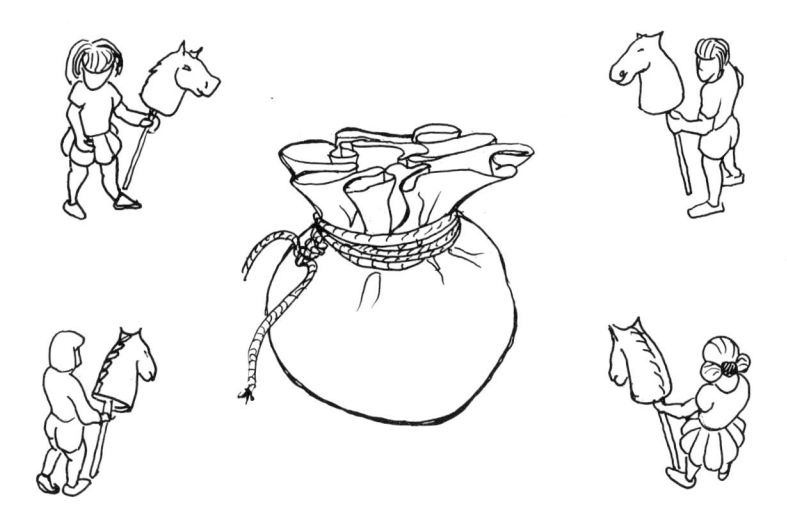

Fig. 1

Fig. 2

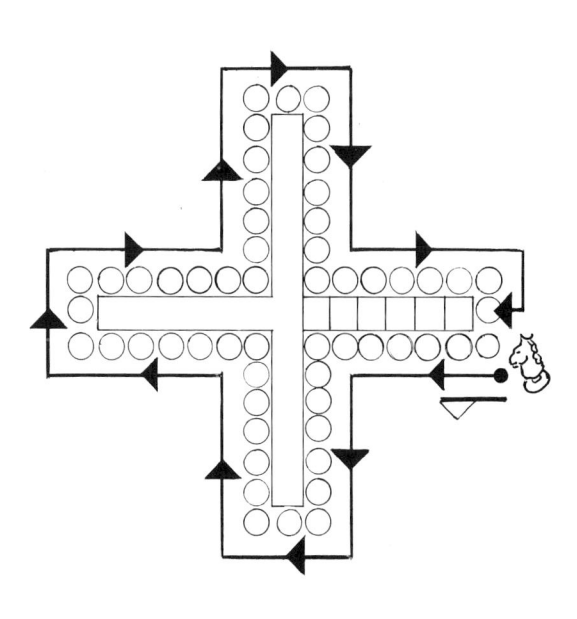

Fig. 3

2. *Sur des fiches vertes :*
- Présentation du dé (on lit la face supérieure) ;
- correspondance dé et avance du cheval sur les cases ;
- voir figures 4 à 12.

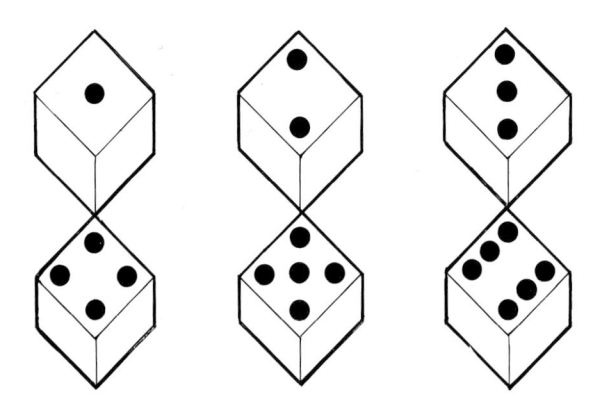

Fig. 4

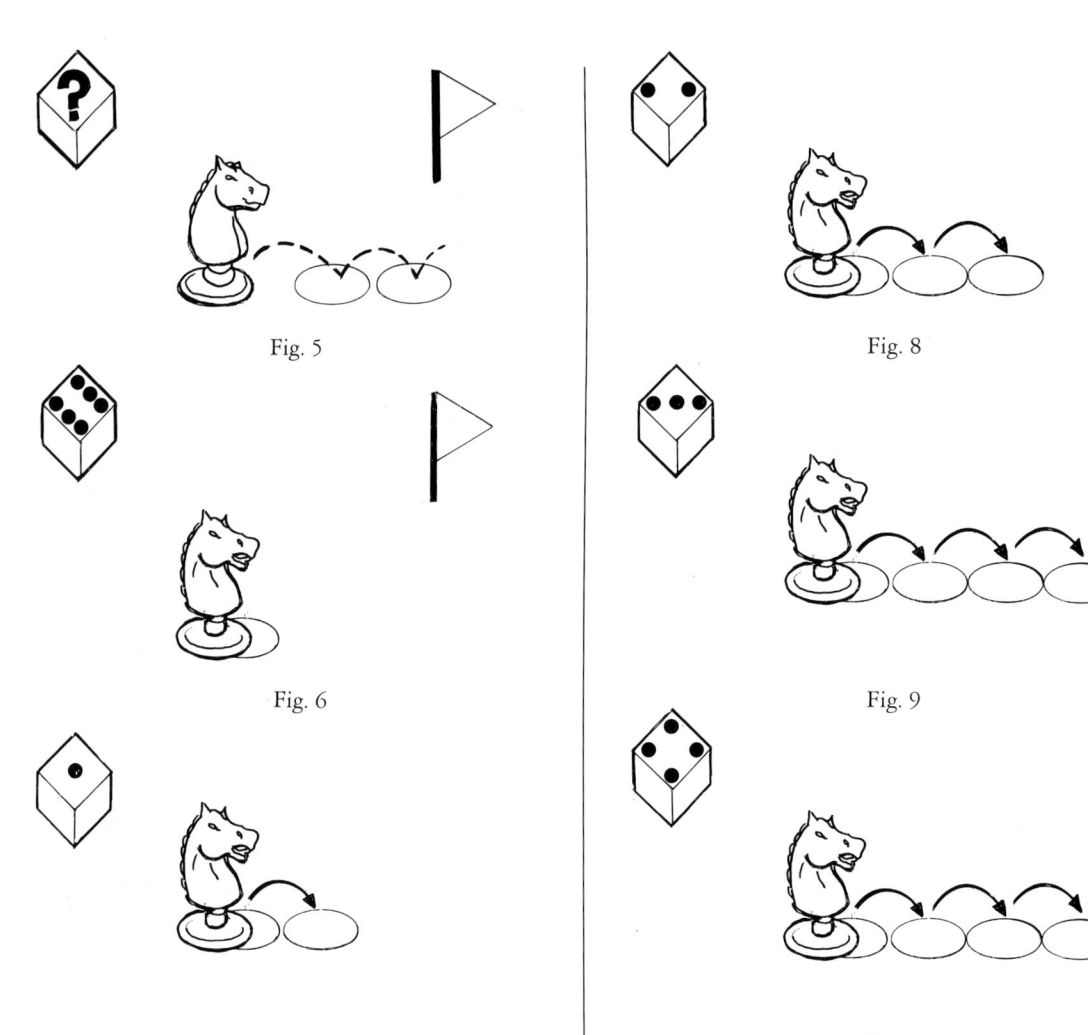

Fig. 5

Fig. 6

Fig. 7

Fig. 8

Fig. 9

Fig. 10

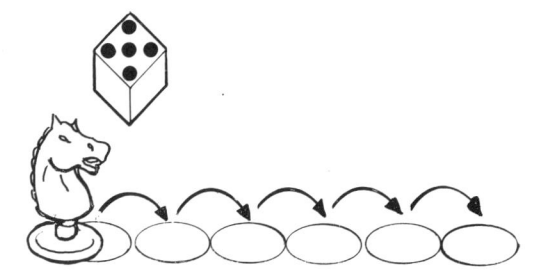

Fig. 11

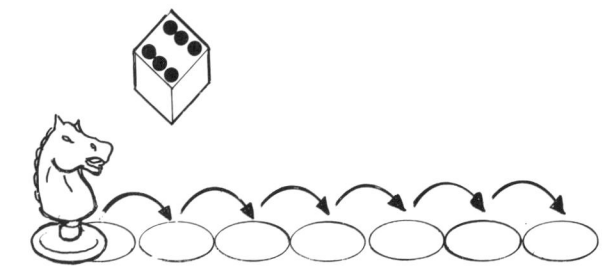

Fig. 12

3. *Sur des fiches jaunes :* les cas où on peut renverser le cheval précédent et le retour du « renversé » à la case départ ;
- voir figures 13 et 14.

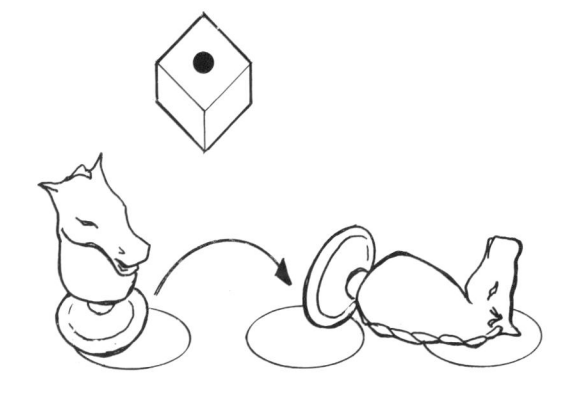

Fig. 13

Fig. 14

4. *Sur des fiches bleues* : les cas où il est impossible de passer ;
- voir figures 15 et 16.

Fig. 15

Fig. 16

Volontairement, tous les cas n'ont pas été envisagés pour que les enfants soient amenés à généraliser.

5. *Sur des fiches roses* : la rentrée à l'écurie (voir figure 17).

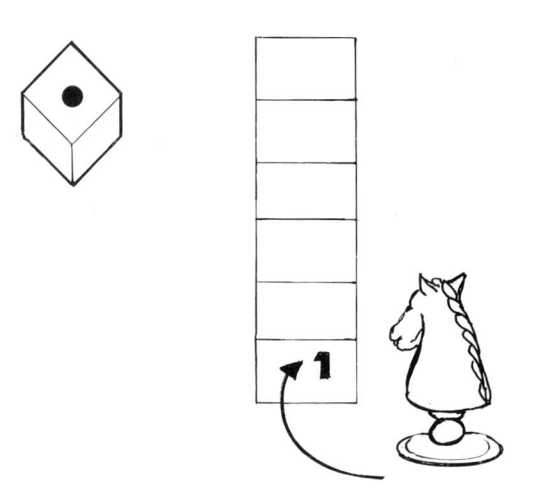

Fig. 17

Le fichier est présenté aux enfants en cinq fois ou plus (correspondant aux cinq parties).
Le décodage se fait avec les enfants et le maître, celui-ci faisant préciser chaque notion.
Ex. : le dé → *Que lis-tu ?*
Quelle partie lis-tu ?
Quel chiffre lis-tu ?
Montre-moi autant de cases que tu en vois sur le dé.
Au besoin, passer par l'intermédiaire de jetons. Si l'on choisit de « programmer » seulement une partie du jeu, la partie « connaissance du dé » semble la plus intéressante en moyenne section.
- Le maître amène les enfants à remarquer les couleurs différentes des fiches et leur utilité.
Ex. : « *J'ai vu, les fiches jaunes c'est pour savoir comment on peut faire tomber les autres.* »
« *Y'a des stops, c'est pour s'arrêter.* »
- Les enfants jouent ensuite seuls et à chaque litige ou demande d'explications, le maître renvoie au fichier et donne éventuellement une indication de couleur de fiches.

Des Activités Satellites

● AS 1 : Jeux de société libres

Observations pour le maître :

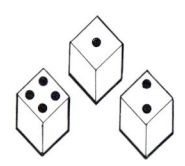

Séquence 13

LE JEU DE L'OIE

Une Unité Pédagogique		Des Activités Satellites
Titre : Découverte et fabrication d'un jeu de l'oie **Nombre d'enfants :** Travail collectif puis par groupe de 6 à 8 **Durée :** 30 minutes **Reprises :** 4 fois **Période de l'année :** juin	AS 1	**Titre :** Jeu des petits chevaux **Nombre d'enfants :** 4
	AS 2	**Titre :** Jeu de prélecture **Nombre d'enfants :** 6
	AS 3	**Titre :** La ronde multicolore **Nombre d'enfants :** 6
	AS 4	**Titre :** Jeux de labyrinthe **Nombre d'enfants :** 6

Une UP créative avec le maître

● **Matériel :**

- un jeu de l'oie apporté par un enfant ;
Pour la fabrication d'un jeu de l'oie :
- L'instituteur dessine un gabarit simplifié sur un carton d'1,30 m × 1 m environ. 21 cases *non numérotées*.
- 1 gros dé en mousse déjà utilisé pour des jeux précédents.
- Des feuilles un peu plus petites que les cases pour les dessins qui seront ensuite collés s'ils conviennent au groupe.
Cette formule a l'avantage de laisser le droit à l'erreur.

● **Objectifs :**

- découverte du jeu traditionnel ;
- observation des réactions spontanées ;
Pour la fabrication du jeu de l'oie :
- se donner des règles proches du jeu de l'oie ;
- notion de tour de rôle ;
- utilisation du dé ;

- correspondance entre le nombre inscrit sur le dé et le nombre de cases du jeu ;
- suivre un chemin de case en case de la case de départ à la case d'arrivée ;
- notion de pièges...

● **Stratégie :**

1. Découverte collective du jeu traditionnel
a. Le jeu, apporté par un enfant, est disposé sur une table au moment de l'accueil.

b. L'instituteur s'assure par différentes questions de la connaissance de la règle du jeu par les enfants :
- ils savent presque tous trouver le départ ;

- certains ne discernent pas l'arrivée ;
- beaucoup ne discernent pas le chemin à parcourir parce que les cases du colimaçon se touchent et sont mal délimitées, parce que les dessins, trop complexes, brouillent la vision ;
- ils savent qu'il faut deux pions « si on joue à deux » et qu'il faut lancer le dé ;
- ils jouent spontanément de case en case mais sont gênés par le colimaçon ;
- ils n'ont pas du tout la notion de pièges ;
- ils ne repèrent pas la numérotation des cases liée à la règle écrite.

c. **Relance** : l'instituteur apporte le lendemain quatre jeux de l'oie différents quant au graphisme, à la clarté, à la forme et il propose aux enfants de les regarder et de les comparer. Il fait repréciser les règles et propose de se répartir en petits groupes pour jouer avec les différents jeux.

d. Le **résultat** est **négatif** à cause de la complexité du jeu de l'oie :
- problème des deux dés et des nombres à additionner ;
- difficulté à repérer les nombres ;
- impossibilité à lire l'écrit-référence donc de jouer hors de la présence de l'adulte ;
- problème de la lecture d'images dans un tracé en colimaçon, certains dessins se trouvant inversés par rapport à l'enfant ;
- quelques enfants ont encore de la difficulté par rapport à la première case qu'ils comptabilisent lorsqu'ils avancent.

Ex. : dé

Ils comptent trois cases et non trois intervalles. Les enfants déçus sont rapidement démobilisés. L'instituteur propose alors de construire avec eux un jeu de l'oie plus grand et plus facile.

2. Fabrication d'un jeu de l'oie

L'instituteur s'entend avec les enfants sur la fabrication du jeu. Le thème des animaux est retenu.
- « *Au lieu des oies, on pourrait mettre des papillons, c'est plus facile à dessiner ;*
- *Il en faut beaucoup.* »

Pendant que les enfants vont dessiner librement un animal, l'instituteur peut s'occuper des enfants répartis dans les ateliers d'activités satellites. Celles-ci visent à résoudre les difficultés rencontrées par les enfants lors de la première observation du jeu de l'oie (notion de première case et d'intervalles — orientation des images et des formes — labyrinthe).

Les règles du jeu
- Les enfants n'ayant pas observé que dans le vrai jeu, les oies étaient disposées toutes les neuf cases, l'instituteur propose de coller les papillons toutes les trois cases :
- « *Alors on pourra rejouer pareil si on est sur un papillon.*
- *C'est bien, y'en a plein !* »

Les animaux choisis sont collés sur le jeu après discussion par le groupe de la reconnaissance des différents critères (chat ; chameau ; cheval ; éléphant ; tigre ; tortue ; vache ; etc.).

Puis le groupe définit les pièges et les avantages :
- Au dessin de la tortue, il faudra attendre un tour
   « *parce qu'elle va pas vite* ».
- Quel animal permettra d'aller plus vite ?
   « *Le cheval !* »

Comme il y a deux chevaux, il est décidé que lorsqu'on sera sur la case du petit cheval, on pourra aller voir la maman plus loin (les termes de poulain et de jument sont de nouveau précisés).

- Le labyrinthe non prévu par les enfants est dessiné par le maître : « *si on arrive à en sortir, c'est bien* ». Sinon ? « *Autrement on attend un tour !* »
- Et la tête de mort dessinée par Sandra ?
« *Il faut la coller ! Si on tombe dessus, faut recommencer tout le jeu.* »

Il est aussi décidé que le jeu se fera avec un seul dé.

La partie peut commencer, sans problème majeur, si ce n'est la mémorisation des consignes.

● **Prolongements :**

- Symboliser la règle de ce jeu de l'oie comme celle des petits chevaux (séquence 11).

Ex. :

Retrouver celui qui est dans la même position que le modèle.

Va au départ

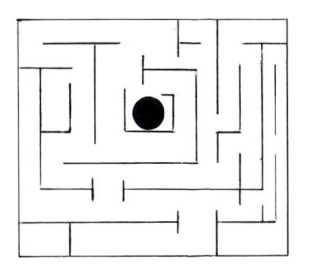

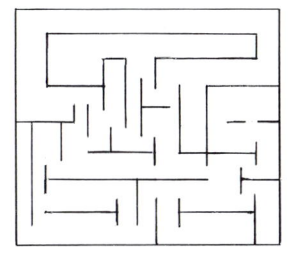

Attends 1 tour

Attends 1 tour

Des Activités Satellites

● AS 1 : Jeu des petits chevaux

Reprise de ce jeu et de sa règle avec des enfants qui ont des problèmes avec la première case.

● AS 2 : Jeux de prélecture

Jeux de prélecture de F. Bouillat et G. Boulet, éd. Nathan.

● AS 3 : La ronde multicolore

La ronde multicolore de P. Ménager, éd. Nathan. (Boîte de jeu : disque n° 1.)

● AS 4 : Jeux de labyrinthes

Observations pour le maître :

Fiche annexe

LE JEU DES ANIMAUX FANTASTIQUES

(voir séquence 3, AS 4)

● **Description du matériel :**

Cartes en carton (10 exemplaires de chaque) représentant :

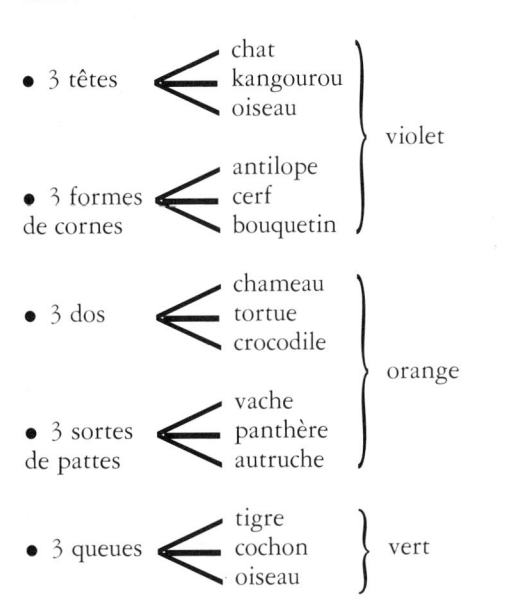

- 3 têtes < chat / kangourou / oiseau
- 3 formes de cornes < antilope / cerf / bouquetin } violet
- 3 dos < chameau / tortue / crocodile
- 3 sortes de pattes < vache / panthère / autruche } orange
- 3 queues < tigre / cochon / oiseau } vert

- 1 carte blanche
- cartons à 6 cases de la même dimension que les cartes d'animaux

- chaque animal se forme avec 5 cartes + 1 blanche qui se place en haut ou en bas suivant la position de la queue.

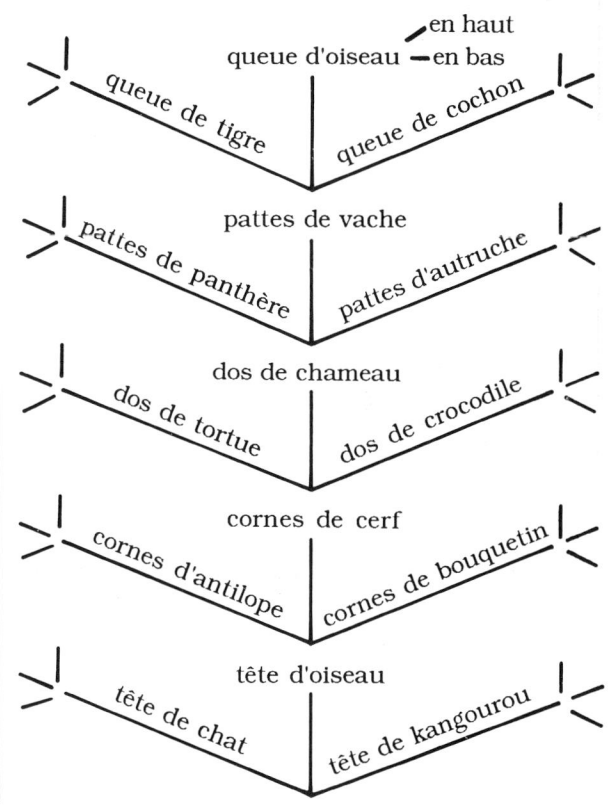

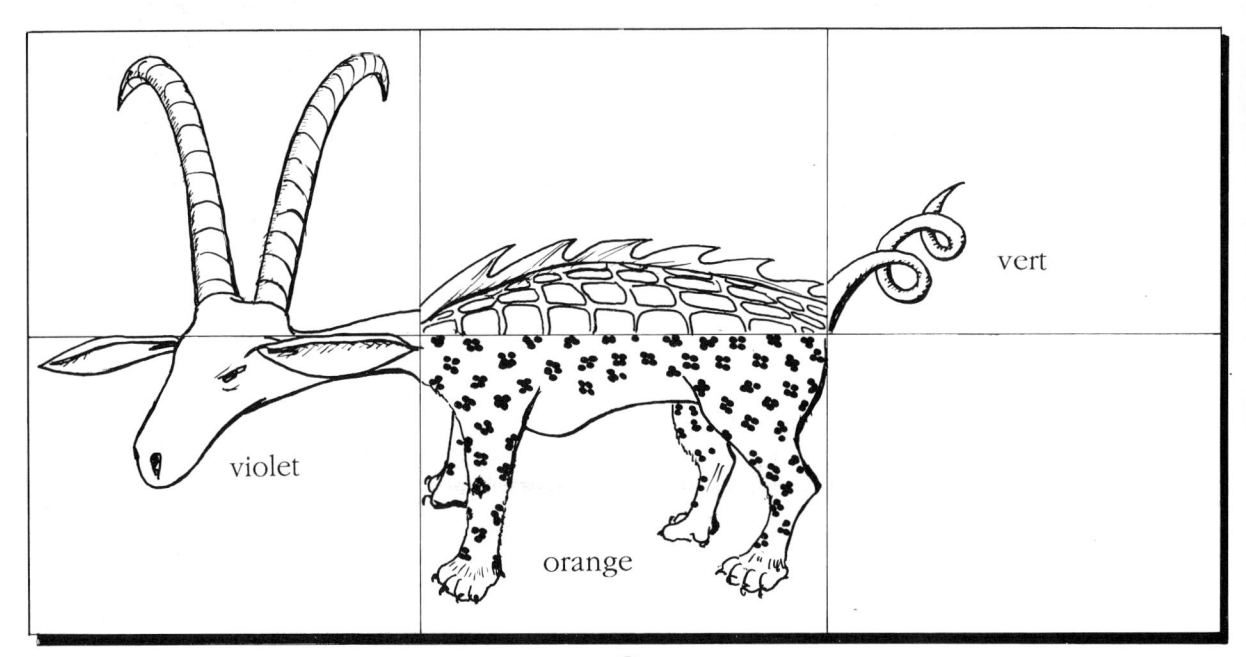

queue d'oiseau — en haut / en bas
queue de tigre   queue de cochon

pattes de vache
pattes de panthère   pattes d'autruche

dos de chameau
dos de tortue   dos de crocodile

cornes de cerf
cornes d'antilope   cornes de bouquetin

tête d'oiseau
tête de chat   tête de kangourou

violet | orange | vert

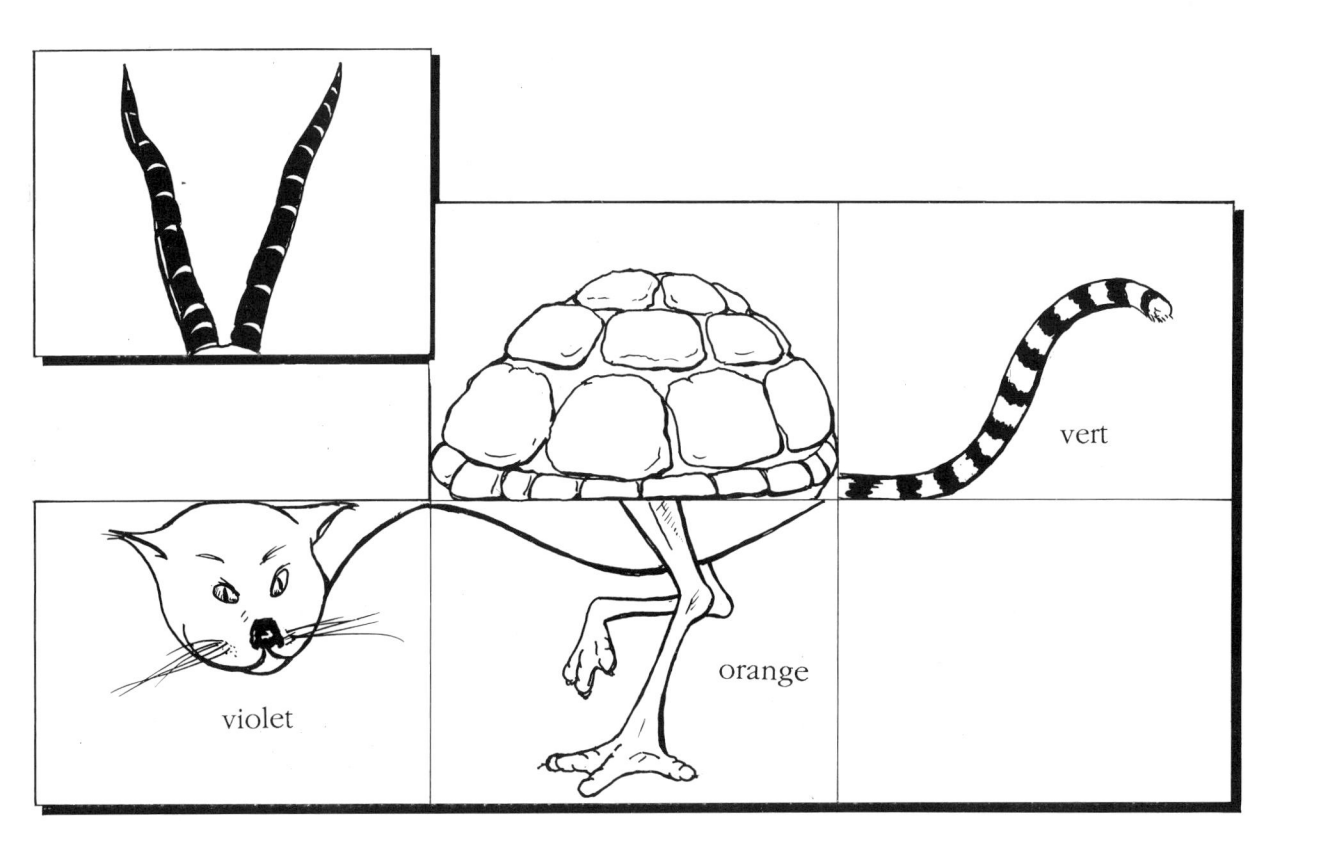

vert

violet

orange

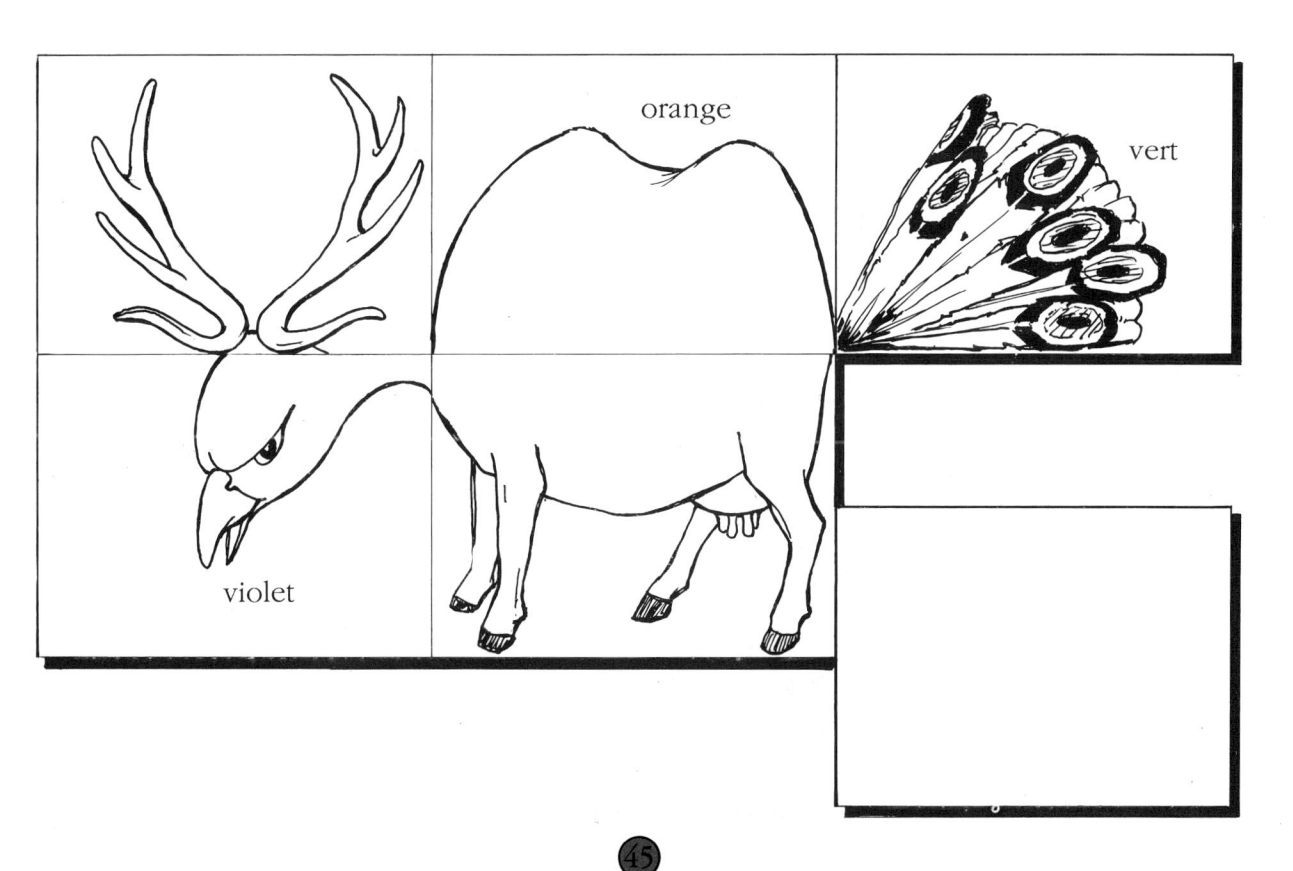

orange

vert

violet

● Le jeu :

Description du jeu	Difficultés et problèmes	Notions mathématiques
Reconnaissance des divers éléments qui composent un animal et *libre utilisation* des cartes sur un carton à 6 cases (période longue).	Problème d'orientation : - la tête en bas à gauche, - les cornes au-dessus de la tête, etc. Problème de « raccord » des différents éléments entre eux.	*Logique :* - appartenance partitive ; - difficulté de l'appartenance mathématique ; - difficulté de l'appartenance ; - propriété des éléments ; - négation de propriété ; - conjonction de négation de propriété. *Spatialisation :* - connexion spatiale (topologie, voisinage, continuité) ; - rotation.
Copie d'un animal déjà formé (cartes représentées en plusieurs exemplaires).	Moins de difficultés mais les mêmes lorsqu'elles existent.	*Logique :* - conjonction de propriétés ; - affirmation de propriétés. *Spatialisation :* - connexion spatiale (topologie, voisinage, continuité) ; - rotation ; - latéralisation par rapport à un repère (à gauche, à droite) ; - position axiale (plus haut, plus bas).
Fabrication d'un animal d'après un codage ex. : de *petites* cartes ou un polycopié. animal reconstitué sur un carton à 6 cases avec les cartes normales.	Aucune si l'enfant a compris les étapes ① et ②.	Correspondance terme à terme (bijection) - linéaire ; - dans un système spatial.
Jeu à 5 enfants Chaque enfant reçoit un lot complet de matériel. Un animal est constitué par l'instituteur sur une grille. Les enfants le reproduisent, puis, à tour de rôle, il leur est demandé de changer un élément, différent du précédent. (Jeu à 1 différence.)	● Certains enfants se concentrent sur un élément : le premier joueur ayant changé une queue, le deuxième change aussi une queue. ● Changer un seul élément ne leur semble pas suffisant pour qu'il s'agisse d'un autre animal.	- Notions de différence ; - complémentarité.
Jeu de loto	Aucune si les enfants savent jouer au loto.	

Bibliographie

— J. Piaget, *La Formation du symbole chez l'enfant,* éd. Delachaux-Niestlé, 1945.

— J. Piaget, *Le Développement de la notion du temps chez l'enfant,* P.U.F., 1946.

— D. Chauvel et V. Michel, *A la maternelle, des jeux avec des règles,* éd. Retz, 1984.

— G. Zimmerman, *Activités mathématiques,* « Le développement cognitif de l'enfant », coll. « Vivre à la maternelle », éd. Nathan, 1985.

— G. Zimmerman, *Activités mathématiques,* « Les apprentissages préscolaires », coll. « Vivre à la maternelle », éd. Nathan, 1985.

— H. Boyera, E. Cailleretz, *L'Enfant, le nombre, la numération,* coll. « Vivre à la maternelle », éd. Nathan, 1990.

— Instructions officielles : L'école maternelle, son rôle, ses missions, CNDP, 1986.

Table des matières

Pour un autre fonctionnement de la classe	1
Les situations mathématisables en moyenne section	3
Le coin-mathématiques	4
Séquence 1 : **La règle du domino des couleurs**	6
Séquence 2 : **Sortie au jardin d'acclimatation (1)** Préparation d'une activité d'observation	8
Séquence 3 : **Sortie au jardin d'acclimatation (2)** Exploitation des prises de vue	12
Séquence 4 : **Les photographies des enfants**	14
Séquence 5 : **Le jeu de bataille**	16
Séquence 6 : **Le jeu de mémoire**	18
Séquence 7 : **Le jeu de loto**	20
Séquence 8 : **Le jeu des mélanges**	22
Séquence 9 : **Le jeu des 7 familles**	25
Séquence 10 : **Le fichier gommettes**	28
Séquence 11 : **Les photographies du carnaval**	33
Séquence 12 : **La règle du jeu des petits chevaux**	36
Séquence 13 : **Le jeu de l'oie**	41
Fiche annexe : **Le jeu des animaux fantastiques**	44
Bibliographie	47

Coordination éditoriale :
Monique Cubertafon

Édition :
Christine Delormeau

Conception graphique :
Aline Devillard

Dessins : Didier Reyt

Photocomposition, photogravure : Graphic Hainaut

N° éditeur : 10031774-(V)-15-(CSBN)-115 - Décembre 1995
Imprimé en France par I.M.E. - 25110 Baume-les-Dames - N° imprimeur : 10449